복음으로 세워진
교회

가스펠 프로젝트

신약 **4**

복음으로 세워진 교회

중고등부 교사용

지은이 · LifeWay Students
옮긴이 · 심정훈
감수 · 김병훈, 류호성, 곽상학
초판 발행 · 2019년 1월 4일
2판 1쇄 발행 · 2024년 1월 19일
등록번호 · 제1988-000080호
등록된 곳 · 서울특별시 용산구 서빙고로65길 38
발행처 · 사단법인 두란노서원
영업부 · 02-2078-3352, 3452, 3781, 3752 FAX 080-749-3705
편집부 · 02-2078-3437
디자인 · 땅콩프레스

책값은 뒤표지에 있습니다.
ISBN 978-89-531-4681-5 04230 / 978-89-531-4671-6(세트)

가스펠 프로젝트 홈페이지 · gospelproject.co.kr
두란노몰 · mall.duranno.com

차례

4

The Church on Mission

발간사

두란노서원을 통해 라이프웨이(LifeWay)의 《가스펠 프로젝트》 성경 공부 교재 시리즈를 발간할 수 있도록 인도하신 하나님께 감사드립니다. 험한 소리로 가득한 세상에 이 책을 다릿돌처럼 놓습니다. 우리 삶은 말씀을 만난 소리로 풍성해져야 합니다. 주님을 만난 기쁨의 소리, 진실 앞에서 탄식하는 소리, 죄를 씻는 울음소리, 소망을 품은 기도 소리로 가득해야 합니다.

《가스펠 프로젝트》는 신구약을 관통하는 예수 그리스도의 복음을 발견하고, 그 가르침을 삶에 적용하는 지혜를 얻도록 기획한 성경 공부 교재입니다. 어린아이부터 어른에 이르기까지 생애주기에 따른 복음 메시지를 잘 배울 수 있습니다. 또한, 거짓 진리가 미혹하는 이 시대에 건강한 신학과 바른 교리로 말씀을 조명하여 성도의 신앙이 좌로나 우로나 치우치지 않도록 돕습니다.

두란노서원은 지금까지 "오직 성경, 복음 중심, 초교파적 관점"을 바탕으로 한국 교회와 성도를 꾸준히 섬겨 왔습니다. 오직 성경의 정신에 입각해 책과 잡지를 출판해 왔으며, 성경에 근거한 복음 중심의 신학을 포기한 적이 없습니다. 그리고 교단과 교파를 초월하여 교회와 성도가 하나님 나라를 바라볼 수 있도록 돕기 위해 노력해 왔습니다. 《가스펠 프로젝트》는 두란노가 지켜 온 세 가지 가치를 충실하게 담은 책입니다.

성경은 구원을 위한 책이며, 구원사의 주인공은 예수 그리스도입니다. 창세기부터 요한계시록까지 오직 예수 그리스도의 복음만을 전하는 《가스펠 프로젝트》 성경 공부 교재를 통해 복음의 은혜와 진리를 깊이 경험하고, 복음 중심의 삶이 마음에 새겨지기를 바랍니다. 그리고 예수 그리스도 복음에 굳게 선 한 사람의 영향력이 가정과 교회와 사회에 흘러감으로써 거룩한 하나님 나라가 확산되어 가기를 소망합니다.

두란노서원 원장 이 형 기

감수사

✛ 두란노가 출간하는 《가스펠 프로젝트》는 무엇보다도 전통적으로 교회가 풀어 온 흐름을 충실히 따라 성경을 해설하고 있습니다. 그리고 그 방향은 궁극적으로 예수 그리스도를 향해 나아가고 있습니다. 이것은 예수님이 구약과 신약의 모든 성경이 자신을 가리키고 있다고 하신 말씀에 비추어 매우 타당한 것입니다. 게다가 그리스도 중심적 해설을 무리하게 전개하지 않습니다. 각 본문에서 하나님의 구원 언약과 그것을 실현하시는 하나님을 드러내면서, 그리스도의 예표적 설명이 가능한 사건을 놓치지 않고 풀어내고 있습니다.

성경 공부 교재는 명시적으로 혹은 암시적으로 제시하는 교리적 진술이 교리체계상 건전해야 합니다. 《가스펠 프로젝트》는 99개 조에 이르는 핵심 교리들을 일목요연하게 제시하여 교리의 건전성을 확인할 수 있도록 도움을 줍니다. 《가스펠 프로젝트》의 교리는 교파를 막론하고, 예수 그리스도의 복음에 충실한 복음주의 교회들에게 환영받을 만합니다. 물론 교파마다 약간의 이견을 갖는 부분이 있을 수 있겠지만 각 교회에서 교재를 활용하는 데에 무리가 없을 것으로 판단합니다. 《가스펠 프로젝트》의 특징은 각 과에서 학습한 내용을 핵심 교리와 연결해 주며, 그 결과 그리스도의 복음에 관련한 교리적 이해를 강화시킨다는 데에 있습니다.

끝으로 《가스펠 프로젝트》는 어떤 성경 주해서나 교리 학습서가 갖지 못하는 훌륭한 장점을 가지고 있습니다. 그것은 학습자를 하나님과 그리스도의 복음 앞으로 나오도록 이끌며 자신의 신앙과 삶을 돌아보도록 하는 적용의 적실성과 훈련의 효과입니다. 아울러 선교적 안목을 열어 주는 적용 질문을 더해 준 것은 《가스펠 프로젝트》에서 얻을 수 있는 커다란 유익입니다.

《가스펠 프로젝트》는 성경을 개괄적으로 매주 한 과씩, 3년의 기간 동안 일목요연하게, 그리고 그리스도 중심적으로 공부하도록 이끌어 준다는 점에서, 한국 교회의 기초를 성경 위에 놓는 일에 대단히 커다란 공헌을 할 것으로 믿어 의심치 않습니다.

김병훈 _ 합동신학대학원대학교 조직신학 교수

✛ 하나님의 말씀이 임하는 곳에는 회복의 역사가 있어서 죽은 뼈들도 힘줄이 생기고 살이 오릅니다(겔 37:8). 왜냐하면 하나님의 말씀은 그 자체에 능력이 있기 때문입니다(눅 1:37). 곧 하나님의 말씀은 살아 있고 활력이 있어 좌우에 날선 어떤 검보다도 예리하여 혼과 영과 및 관절과 골수를 찔러 쪼개기까지 하며 또 마음의 생각과 뜻을 판단합니다(히 4:12). 이렇게 하나님의 말씀이 왕성해지면 국가는 자연적으로 정의와 사랑이 넘쳐나며(렘 9:24), 교회는 제자의 수가 많아지는 놀라운 부흥을 경험합니다(행 6:7). 결국 하나님의 말씀이 흘러넘쳐 온 우주를 적실 때에 악한 세력들은 모두 물러가고, 새 하늘과 새 땅이 우리에게 다가올 것입니다.

이를 위해 작은 등불의 역할을 할 《가스펠 프로젝트》는 다음과 같은 특징이 있습니다. 첫째는 성경 전체를 '그리스도 중심'으로 바라본 것입니다. 오실 그리스도(구약)와 오신 그리스도 그리고 앞으로 다시 오실 그리스도(신약)의 관점에서 구약성경과 신약성경을 서로 연결시켰습니다. 그래서 구약성경을 단지 유대 민족의 역사서로 보는 편협함에서 벗어나, 그 속에 담긴 놀라운 하나님의 구원 역사를 보게 합니다. 둘째는 같은 본문으로 교회와 가정 그리고 전 연령층에서 그리스도의 사랑을 배우게 합니다. 이는 특히 가정에서 부모와 자녀가 서로 신앙적으로 소통할 기회를 제공하고 사랑과 정의를 실천하는 성숙한 그리스도인으로 성장하도록 이끌어 줍니다. 셋째는 신학적 주제와 기초 교리를 이해하기 쉽게 설명한 것입니다. 그래서 사이비 이단이 번져 가는 상황에서 매우 중요한 영적 분별력을 향상시키는 데 도움을 줍니다. 넷째는 배운 것을 복음의 씨앗을 뿌리는 선교와 연결시키며 하나님이 주신 사명을 실천하도록 이끄는 것입니다. 이는 복음의 열정을 회복시켜 줍니다.

그러므로 모든 교단과 교파를 초월해서, 하나님의 섬세한 구원의 손길과 그리스도의 숭고한 십자가의 사랑 그리고 거룩함으로 인도하는 성령님의 인도하심을 배울 수 있을 것입니다. 그래서《가스펠 프로젝트》를 통해 하나님의 말씀이 한반도에 흘러넘칠 뿐만 아니라, 복음의 열정을 품고 전 세계로 향하는 많은 전도자들을 세워 갈 것입니다.

류호성 _ 서울장신대학교 신약학 교수

✝ 일반적으로 교육의 3요소에 대해 교육 주체인 교사, 교육 객체인 학생, 교육 내용인 교육 과정(curriculum)이라고 말합니다. 기독교 교육 또한 교회 학교 교사나 가정의 부모가 교육 주체가 되어 다음 세대인 청소년들에게 복음이 담긴 성경을 가르치는 것입니다. 교육 과정을 제외하고는 공교육과 기독교 교육이 본질적으로 다를 수 없는데, 시대의 요청이나 학습자의 역량에 따라 교육 과정이 바뀌는 공교육과 달리, 성경이라는 절대 진리가 교육 과정인 기독교 교육은 수요자 중심의 창의적 상호 작용 등 교육 방법론에 취약점을 보인 것이 사실입니다.

《가스펠 프로젝트》는 객관론적인 인식론에 근거한 프로젝트 수업을 염두에 두었기 때문에, 안내하고 조력하는 교사의 역할 수행과 자연스럽고도 적극적인 학생들의 반응이 만나 성경의 내용을 '지금 그리고 여기'를 사는 '나'와 접목시켜 진지하게 대면하게 합니다. 매 과마다 청소년 설교 제목과 같은 감각적인 제목으로 문을 열고 들어가 'HIS STORY'를 만나게 됩니다. 그뿐 아니라 '연대표', '알짬 교리 99' 등은 다소 지루할 수 있는 성경의 이야기를 청소년 특유의 감성으로 풀어 주므로 그들의 지적 호기심을 채워 주기에 충분합니다. 또한 '그리스도와의 연결'로 구속사적 흐름을 놓치지 않고 그리스도의 복음을 충실히 따르고 있습니다. 영원불변하는 하나님의 말씀이 21세기에 대한민국에서 살아가는 중학생, 고등학생의 실제 이야기로 잘 구현되도록 한 'YOUR STORY', 그리고 '생각'과 '마음'이 어떻게 '행동'으로 이어지는가에 대한 'YOUR MISSION'은 성경 공부의 매우 중요한 연결 고리가 될 것입니다.

《가스펠 프로젝트》는 그리스도 중심의 성경 공부 교재이자, 성경 전체를 꿰뚫는 복음의 알파와 오메가로서 이 시대에 새로운 기독교 교육의 이정표가 될 것을 확신합니다.

곽상학 _ 전 온누리교회 협동 목사

추천사

우리 시대의 전 세계적 교회 부흥은 두 가지 샘을 가지고 있습니다. 한 샘은 오순절 부흥 운동의 샘입니다. 이 샘으로 많은 시대의 목마른 영혼들이 목마름을 해갈했습니다. 또 하나의 샘은 성경 연구의 샘입니다. 남침례교 주일학교 운동은 이 샘의 개척자입니다. 이 샘으로 지금도 많은 성도가 목마름을 해갈하고 있습니다. 미국 남침례교 라이프웨이 출판사는 이러한 사역을 충실히 감당해 왔습니다.《가스펠 프로젝트》는 모든 필요를 공급하는 원천이 될 것입니다.《가스펠 프로젝트》로 한국 교회의 목마름이 해갈되기를 기도합니다.《가스펠 프로젝트》는 쉬우면서도 결코 피상적이지 않습니다. 믿음의 단계를 따라 하나님의 자녀들에게 꼭 필요한 복음의 진수를 맛보게 해 줄 것입니다. 이 체계적인 교재로 이 땅에 새로운 영적 르네상스가 일어나기를 기대합니다.

이동원 _ 지구촌교회 원로목사, 지구촌 미니스트리 네트워크 대표

성경은 그 깊이와 너비를 측량하기 어려운 광활한 바다입니다. 이 바다를 무턱 대고 항해하다 보면 장구한 역사의 파도와 다양한 문학 양식이라는 바람에 의해 표류하기 쉽습니다. 그런 점에서《가스펠 프로젝트》는 참 훌륭한 나침반입니다. 건전한 교리를 바탕으로 성경 어디에서나 그리스도를 발견하도록 돕고, 복음이라는 항구에 이르도록 이끌어 줍니다. 구약시리즈뿐 아니라 신약시리즈 역시 말씀의 바다를 항해하는 모든 분들에게 큰 유익을 줄 것입니다. 기쁜 마음으로 추천합니다.

허요환 _ 안산제일교회 담임 목사

성경은 예수 그리스도를 중심으로 하는 하나님의 구원 이야기입니다. 성경을 가르치는 일은 하나님의 구원에 동참하는 하나님의 사람을 만드는 일이며, 하나님의 사람의 탁월한 모델은 바로 예수 그리스도입니다.《가스펠 프로젝트》는 예수 그리스도를 중심으로 성경을 배웁니다. 성경이 어떻게 그리스도와 연결되어 있는지, 또 성도의 삶이 그리스도를 중심으로 하는 하나님의 구원 계획에 어떻게 연결되어야 하는지 구체적으로 제시합니다.

특히《가스펠 프로젝트》는 하나의 본문을 각 연령에 맞게 구성한 교재를 제공해 하나의 본문으로 전 세대를 연결하고, 가정과 교회를 하나 되게 합니다. 신앙의 전수가 중요한 시대에 성도와 교회와 가정이 한마음으로 다음 세대를 준비시키기에 적합합니다. 특히 가정에서 부모가 자녀와 말씀으로 대화를 나눌 수 있게 해 자녀 신앙 교육에 도움이 될 것입니다.

《가스펠 프로젝트》가 주일학교부터 장년에 이르기까지 전 교회와 성도의 각 가정에서 사용되어 예수 그리스도를 통한 하나님의 가스펠 프로젝트가 성취되기를 기도하면서 기쁨과 확신으로 추천합니다.

이재훈 _ 온누리교회 담임 목사

✚　《가스펠 프로젝트》는 성경을 예수 그리스도 중심으로 심도 있게 살피도록 도우면서, 또한 그것을 이야기 형식으로 제시하며 실질적으로 적용하도록 이끄는 탁월함이 보입니다. 이는 청소년들이 자연스럽게 주변 또래들에게 자신이 경험한 예수 그리스도와 복음에 대해 나눌 수 있게 합니다.

왕동식 _ 서울YFC(십대선교회) 대표, 청소년사역자협의회 회장

✚　《가스펠 프로젝트》는 복음주의적인 관점에서 성경을 이해하며 성경적 가치관을 형성하는 데 큰 도움을 줍니다. 특히 예수 그리스도를 모든 과에서 그 중심에 두어 구속사적으로 이해할 수 있도록 돕습니다. 또한 각 과별 주제도 친근할 뿐 아니라 다음 세대의 눈높이에 맞추고 있어서 적극 추천합니다.

황성건 _ (사)청소년선교횃불 대표, 소금과빛 국제학교 운영 이사

✚　사역 현장에서는 하나님의 말씀을 효율적으로 가르칠 수 있는 좋은 방법과 교재에 늘 목말라 합니다. 그런 점에서 그 필요를 잘 충족해 줄 교재가 출간되어 기쁜 마음으로 추천합니다.

김운용 _ 장로회신학대학교 실천신학 교수

✚　《가스펠 프로젝트》는 하나님의 말씀으로 우리를 초청해서 예수 그리스도를 만나게 하고 사랑하게 만드는 훌륭한 교재입니다. 자녀들이 교회 학교에서, 부모들이 소그룹에서 말씀을 공부한 후에 저녁 식탁에 둘러앉아 예수님에 대해 함께 나눌 수 있다는 것은, 상상만 해도 너무나도 멋지고 복된 일입니다.

김지철 _ 전 소망교회 담임 목사

✚　성경이 가르치는 구원의 도리인 교리를 성경 본문을 통해 배우기가 쉽지 않기 때문에 좋은 안내서가 필요합니다.《가스펠 프로젝트》는 이와 같은 역할을 탁월하게 수행하고 있기 때문에 기쁜 마음으로 추천합니다.

이성호 _ 고려신학대학원 역사신학 교수

✚　《가스펠 프로젝트》는 어린이부터 장년까지 성경에서 예수님이라는 보석을 찾는 눈을 활짝 열어 주는 놀라운 교재입니다. 각 연령대에 맞게 구성된 본 교재를 통해 예수님을 다시 발견하고 한국 교회가 더욱 견고하게 되기를 바랍니다.

최병락 _ 강남중앙침례교회 담임 목사

일러두기

❶ INTRO

과의 내용을 간략하게 요약하고 성경 본문을 제시하면서, 본문의 흐름과 학습 목표를 놓치지 않도록 돕습니다.

❷ HIS STORY

하나님의 구속사에 초점을 맞춰 성경을 이해하도록 하며, 다음과 같은 특징이 있습니다.

* **students** 왼편에 'students' 글씨와 함께 회색 세로줄이 있는 단락은 학생용 교재와 동일한 본문입니다. 학생용 교재의 모든 본문이 교사용 교재에도 실려 있습니다.
* **연대표** 성경을 시간 순서대로 살피는 표로, 학생용 교재에서는 그림도 함께 제공합니다.
* **본문으로 더 깊이** 성경 이야기 속으로 더 깊이 들어가도록 돕는 성경 주해입니다. 이 자료를 어떤 식으로 활용할 것인지는 교사의 재량에 달려 있으며, 참고만 해도 괜찮습니다.
* **알짬 교리 99** 매 과의 본문 내용과 관련된 기독교 핵심 교리입니다.
* **그리스도와의 연결** 각 과의 주제가 어떻게 예수 그리스도를 가리키며 연결되는지 살피는데, 이를 통해 모든 성경이 그리스도를 가리키고 있음을 강조해 줍니다.

❸ YOUR STORY

하나님이 과거에 행하신 일을 오늘날과, 그리고 학생 자신과 연결하도록 돕는 토론 질문을 제시합니다. 질문마다 교사에게 주는 조언이 첨부되어 있습니다.

❹ YOUR MISSION

그리스도인으로서 어떻게 살아가야 할지 하나님의 이야기를 통해 생각하고 변화를 경험하도록 이끕니다. 단순한 성경 지식 공부를 넘어 사명감을 가지고 살아가야 할 것을 강조하면서 하나님께 순종하도록 돕습니다.

가스펠 프로젝트 홈페이지 자료실 gospelproject.co.kr 에 있는 다양한 자료를 활용해 보세요.

❋
- **십대와 나누는 믿음의 대화** 학생들과 폭넓게 나눌 수 있도록 본문의 요점, 질문, 명언을 제시합니다.
- **교사 지도 가이드** 교사에게 필요한 본문 설명과 지도 방향 등을 동영상으로 제공합니다.
- **가족성경읽기표** 본문에도 나오는 연대기적 성경 통독 일정이, 온 가족이 보기 좋게 정리되어 있습니다.

교사 지도 가이드

01

약속된 성령님이 드디어 오시다

요약

하나님은 그리스도의 십자가 죽음으로 그분과 우리의 화해를 이루셨습니다. 그리고 그리스도의 부활 안에서 영원한 생명을 약속하셨을 뿐만 아니라 가장 위대한 선물인 그분 자신을 우리에게 주셨습니다. 성령님은 그리스도를 믿는 모든 성도 가운데 거하시고, 전 세계 모든 곳에 복음을 전하도록 능력을 주시며, 신앙 공동체를 세우십니다.

성 경

사도행전 2장 1~4, 32~47절

HIS STORY

포 인 트	하나님은 복음을 전하면서 성령님을 의지하라고 말씀하신다.

등 장 인 물

성령님(삼위일체의 제3위격)

제자들(예수님을 따라 주님의 사역에 동참하며, 다른 사람에게 복음을 전하도록 선택된 첫 번째 무리)

메시지 좌표

오순절이 다가오자 예수님은 자신의 대관식에 참석하는 왕처럼 예루살렘에 도착하셨습니다. 예루살렘 전체가 그분을 유대인의 왕으로 환영했습니다. 그러나 불과 며칠 후에 '왕'이란 팻말 아래 십자가에 못 박혀 죽으셨고, 사흘 후에 부활하셨습니다. 제자들은 당시 일어난 모든 일에 당황한 듯합니다. 그들의 기대에 못 미치는 일이 일어났기 때문입니다. 예루살렘은 여전히 로마의 지배 아래 있었고, 이스라엘은 압제로부터 자유를 얻지 못했던 것입니다. 그럼에도 불구하고 훨씬 큰 사건이 일어났습니다. 제자들은 죽음에서 부활하신 예수님과 같이 식사하고 대화하고 그분의 상처도 만져 보았습니다. 영화로운 몸을 가지신 예수님과 그분이 승천하시는 모습을 보았고, 동일한 모습으로 다시 오실 것이라는 약속도 받았습니다. 그러나 그전에 예수님이 약속하신 성령님이 오실 것입니다.

도 입

5~10분

지금까지 받은 선물 가운데 가장 최고였던 것은 무엇인가요? (물론, 누구에게나 가장 최고의 선물은 바로 구원이죠.) 그 선물을 언제 누구에게서 무슨 이유로 받았나요? 그 선물을 가장 최고로 꼽은 이유는 무엇인가요?

진실한 사랑이 담긴 선물은 관계를 더욱 돈독하게 만들어 줄 것입니다. 또한 자발적으로 준비한, 대가를 바라지 않는 선물도 역시 좋은 영향을 끼칠 것입니다.

▶ 주거나 받았던 선물 가운데 들려주고 싶은 이야기가 있는 선물이 있나요?

복음은 하나님이 주신 값없는 은혜의 선물입니다. 이에 대해 이미 구약에 예언되었고, 복음서의 이야기에서 처음으로 드러났으며, 사도행전을 비롯한 나머지 신약에서 선포되고 해석되었습니다(롬 6:23).

복음은 하나님이 주신 것이고, 하나님이 친히 널리 복음을 전하십니다. 사도행전은 사도들과 그들이 세운 교회들을 통해 복음이 만민에게 전해지는 과정을 보여 주었습니다(행 1:8). 복음을 전하고, 교회를 세우고, 병자를 고치는 등 사도행전에 기록된 사역을 실제로 주도했던 분은 하나님이십니다. 구체적으로 말하면, 삼위일체 세 위격 가운데 하나이신 성령님이 영생과 구속의 선물을 주시며 하나님 나라를 확장해 가십니다.

오순절 이후로 쭉 함께 계셔

예수님은 십자가에서 죽으신 후 부활하여 승천하시기 전에, 이 땅에서 마지막 날들을 제자들과 함께 보내며 그들에게 약속하셨습니다. 그 약속은 보혜사가 오셔서 예수님이 하셨던 일을 계속해 나가신다는 것이었습니다. 보혜사는 우리와 영원히 함께하실(요 14:15~17) 성령님이십니다. "너희가 나를 사랑하면 나의 계명을 지키리라 내가 아버지께 구하겠으니 그가 또 다른 보혜사를 너희에게 주사 영원토록 너희와 함께 있게 하리니 그는 진리의 영이라 세상은 능히 그를 받지 못하나니 이는 그를 보지도 못하고 알지도 못함이라 그러나 너희는 그를 아나니 그는 너희와 함께 거하심이요 또 너희 속에 계시겠음이라"(요 14:15~17). 사도행전에서는 성령님이 오실 것에 대해 다음과 같이 묘사했습니다.

도입 선택

우리가 자주 사용하는 휴대 전화, 자동차, 가전제품 등은 외부 에너지를 필요로 합니다. 예를 들어, 텔레비전이나 전등이 있어도 그것이 전기에 연결되어 있지 않거나 전지가 없다면 사용할 수 없습니다.

• *전기 시설이나 전지가 없어서 전자 제품을 사용하지 못한 적이 없나요?*

예수님은 이 땅에서 사역하시는 동안 자신이 하나님 아버지께로 돌아가고 난 후 제자들을 도와줄 보혜사가 오실 것이라고 말씀하셨습니다. 보혜사란 바로 성령님이십니다. 전기가 있어야 전등이나 자동차가 제대로 작동하듯, 성령님은 하나님의 백성이 주님의 일을 담대히 따를 수 있도록 도와주십니다(요 14:26; 행 1:8).

---

¹오순절 날이 이미 이르매 그들이 다 같이 한곳에 모였더니 ²홀연히 하늘로부터 급하고 강한 바람 같은 소리가 있어 그들이 앉은 온 집에 가득하며 ³마치 불의 혀처럼 갈라지는 것들이 그들에게 보여 각 사람 위에 하나씩 임하여 있더니 ⁴그들이 다 성령의 충만함을 받고 성령이 말하게 하심을 따라 다른 언어들로 말하기를 시작하니라 (행 2:1~4)

예수님이 마지막 명령을 내리고 승천하신 후, 제자들은 그곳을 떠나 예루살렘의 한 다락방에 모여 열흘 동안 함께 기도했습니다. 그러다 어떤 조짐도 보이지 않고 갑자기, 성령님이 그곳에 있던 각 사람에게 번쩍이는 불길처럼 나타나심으로써 세상과, 다락방과, 제자들의 마음에 임하셨습니다.

성령님이 오신 사건을 통해, 우리와 항상 함께하시겠다는 예수님의 약속이 이루어졌고, 하나님이 만민에게 그분의 영을 부어 주실 (욜 2:28) 날에 대해 언급했던 선지자 요엘의 약속도 이루어졌습니다. 예수님을 믿음으로써 복음에 응답하는 사람은 이 비범한 선물, 즉 약속된 성령을 받습니다. 성령님은 하나님의 구속 사역에 참여하도록 우리를 초청하시고 우리에게 능력을 주실 뿐만 아니라 이 사역에서 절대로 혼자가 아니라는 확신을 갖게 하십니다. 예수님은 육신을 입고 우리 가운데 거하시며 "하나님이 우리와 함께 계시다"라는 임마누엘의 약속을 (마 1:23) 성취하셨고, 성령님은 세상 끝 날까지 우리와 함께하시며 우리 안에 계십니다.

그리스도인은 예수님이 하신 일을 기리기 위해 존재하는 신실한 무리일 뿐만 아니라, 세상에서 선을 행하는 하나님의 대사이자 선교를 위해 하나님이 쓰시는 그릇입니다. 교회를 통해 하나님이 세상에서 성령님으로 말미암아 일하실 때, 하나님 나라가 계속해서 확장해 나갈 것입니다.

만약에 오순절에 일어난 일을 직접 보게 되면 어떤 기분이 들까요?

성령님은 오순절에 오셔서 성도들에게 능력을 주셨는데, 그렇다면 지금은 어떻게 하나님이 주신 소명을 감당하도록 해 주실까요?

모든 언어로 말하게 하셨어

우리에게 오신 성령님은 오래 지나지 않아 우리가 깨달을 수 있도록 그분의 열정과 목적을 드러내셨습니다. 세찬 바람 소리는 오순절을 기념하기 위해 예루살렘에 모여 있던 많은 유대인의 주목을 끌기에 충분했습니다. 각 나라에서 찾아온 유대인들은 무슨 일이 일어났는지 알고 싶어 했습니다. 그런데 성령님이 다양한 언어로 말할 수 있는 능력을 제자들에게 주셨으므로, 유대인들은 각기 자신들의 언어로 예수님에 관한 좋은 소식을 들을 수 있었습니다. 성령으로 충만했던 베드로는 사람들 앞에 서서 설교하기 시작했습니다.

32이 예수를 하나님이 살리신지라 우리가 다 이 일에 증인이로다 33하나님이 오른손으로 예수를 높이시매 그가 약속하신 성령을 아버지께 받아서 너희가 보고 듣는 이것을 부어 주셨느니라 34다윗은 하늘에 올라가지 못하였으나 친히 말하여 이르되 주께서 내 주에게 말씀하시기를 35내가 네 원수로 네 발등상이 되게 하기까지 너는 내 우편에 앉아 있으라 하셨도다 하였으니 36그런즉 이스라엘 온 집은 확실히 알지니 너희가 십자가에 못 박은 이 예수를 하나님이 주와 그리스도가 되게 하셨느니라 하니라 37그들이 이 말을 듣고 마음에 찔려 베드로와 다른 사도들에게 물어 이르되 형제들아 우리가 어찌할꼬 하거늘 38베드로가 이르되 너희가 회개하여 각각 예수 그리스도의 이름으로 세례를 받고 죄 사함을 받으라 그리하면 성령의 선물을 받으리니 39이 약속은 너희와 너희 자녀와 모든 먼 데 사람 곧 주 우리 하나님이 얼마든지 부르시는 자들에게 하신 것이라 하고 40또 여러 말로 확증하며 권하여 이르되 너희가 이 패역한 세대에서 구원을 받으라 하니(행 2:32~40)

전체 맥락을 이해하려면 22절부터 읽으십시오.

22이스라엘 사람들아 이 말을 들으라 너희도 아는 바와 같이 하나님께서 나사렛 예수로 큰 권능과 기사와 표적을 너희 가운데서 베푸사 너희 앞에서 그를 증언하셨느니라 23그가 하나님께서 정하신 뜻과 미리 아신 대로 내준 바 되었거늘 너희가 법 없는 자들의 손을 빌려 못 박아 죽였으나 24하나님께서 그를 사망의 고통에서 풀어 살리셨으니 이는 그가 사망에 매여 있을 수 없었음이라 25다윗이 그를 가리켜 이르되 내가 항상 내 앞에 계신 주를 뵈었음이여 나로 요동하지 않게 하기 위하여 그가 내 우편에 계시도다 26그러므로 내 마음이

본문으로 더 깊이

여기에서 우리는 삼위일체 하나님의 살아 계심과 속성을 엿볼 수 있습니다. 그것은 단지 복음에 대한 베드로의 사랑을 보여 주는 것이 아니라, 복음과 성자에 대한 성령님의 사랑을 보여 줍니다. 삼위일체 하나님의 각 위격은 서로 사랑하십니다. 예수님이 세례를 받으실 때 성부께서는 모든 사람이 들을 수 있도록 "이는 내 사랑하는 아들이요 내 기뻐하는 자라"(마 3:17)라고 말씀하셨습니다. 예수님은 성령님이 오실 것과 성령님과 함께 오는 유익에 관해 말씀하며 기뻐하셨습니다. 그리고 본문에서 볼 수 있듯, 성령으로 충만했던 베드로는 예수님이 성취하신 일과, 하나님이 부활하신 그리스도를 오른편에 앉히심으로써 그분을 영화롭게 하신 일에 대해 설교했습니다. 요한은 하나님이 사랑이시라고 기록했는데, 이 사랑을 우리는 삼위일체의 관계 안에서 온전히 볼 수 있습니다.

기뻐하였고 내 혀도 즐거워하였으며 육체도 희망에 거하리니 [27]이는 내 영혼을 음부에 버리지 아니하시며 주의 거룩한 자로 썩음을 당하지 않게 하실 것임이로다 [28]주께서 생명의 길을 내게 보이셨으니 주 앞에서 내게 기쁨이 충만하게 하시리로다 하였으므로 [29]형제들아 내가 조상 다윗에 대하여 담대히 말할 수 있노니 다윗이 죽어 장사되어 그 묘가 오늘까지 우리 중에 있도다 [30]그는 선지자라 하나님이 이미 맹세하사 그 자손 중에서 한 사람을 그 위에 앉게 하리라 하심을 알고 [31]미리 본 고로 그리스도의 부활을 말하되 그가 음부에 버림이 되지 않고 그의 육신이 썩음을 당하지 아니하시리라 하더니 (행 2:22~31)

베드로는 잠잠히 있을 수 없었습니다. 그는 담대하게, 예수님이 이스라엘을 죄와 죽음이라는 무거운 짐에서 해방시키기 위해 오신 메시아이심을 드러내는 강력한 설교를 했습니다. 사랑은 우리로 하여금 입을 열어 말하게 만듭니다. 벅찬 사랑 때문에 애인에게 가서 "사랑해!"라고 크게 외치는 사람이 있습니다. 이런 경험까지는 아니더라도 적어도 맛있는 음식을 앞에 두고 기쁨에 겨운 탄성을 지릅니다. "이 식당에서는 세상에서 제일 맛있는 음식을 맛볼 수 있어!" 요점은 이것입니다. 기쁨, 사랑, 즐거움이 우리로 하여금 다른 사람에게 이야기하도록 이끈다는 것입니다.

사도행전을 보면, 성령님 역시 우리로 하여금 말하도록 이끄신다는 사실을 배울 수 있습니다. 교회는 세상으로 나아가 하나님이 예수님 안에서 화목하게 하는 사역을 성취하셨다고 하는 복음을 전해야 합니다. 교회가 선교하는 것은, 성부와 성자의 사역을 기뻐하는 성령님의 마음을 드러내는 것입니다.

사랑하는 마음 때문에 잠잠할 수 없어서 그러한 마음을 이야기해 본 적이 있나요?

이런 공동체, 그때가 처음이었어

성령님이 오시면 우리는 생명과 성장을 경험하게 됩니다. 우리는 이 성장과 비슷한 모습을 나무의 가지와 뿌리에서 볼 수 있습니다. 하나님 나라는 교회의 선교에서 볼 수 있는 가시적이면서도 광범위한 특성을 드러내며 세상 가운데 퍼집니다. 이 성장은 갈수록 밖을 향해 넘쳐흐릅니다. 또한 하나님 나라는 나무뿌리가 겉으로 드러나지 않듯, 깊고 안정적이며 거룩한 관계와 같은 모습으로 내부를 향하여 자라납니다. 이러한 내적 성장을 사도행전 2장에서 볼 수 있습니다.

> [41]그 말을 받은 사람들은 세례를 받으매 이날에 신도의 수가 삼천이나 더하더라 [42]그들이 사도의 가르침을 받아 서로 교제하고 떡을 떼며 오로지 기도하기를 힘쓰니라 [43]사람마다 두려워하는데 사도들로 말미암아 기사와 표적이 많이 나타나니 [44]믿는 사람이 다 함께 있어 모든 물건을 서로 통용하고 [45]또 재산과 소유를 팔아 각 사람의 필요를 따라 나눠 주며 [46]날마다 마음을 같이하여 성전에 모이기를 힘쓰고 집에서 떡을 떼며 기쁨과 순전한 마음으로 음식을 먹고 [47]하나님을 찬미하며 또 온 백성에게 칭송을 받으니 주께서 구원받는 사람을 날마다 더하게 하시니라 (행 2:41~47)

우리는 본문에서 하나님의 은혜와 사역의 흔적을 많이 찾아볼 수 있습니다. 기사와 표적이라는 말은 병자를 고치거나 귀신을 내쫓는 등 예수님과 제자들의 사역을 특징짓는 놀라운 일을 의미합니다. 기이한 기적도 있었습니다. 사도행전의 성도들은 자신이 가진 것을 서로 나누었고, 그들 가운데에 있는 궁핍한 사람에게 주기 위해 여분의 소유를 팔았으며, 정기적으로 모여서 함께 식사했습니다.

이와 같이 풍성하고 진지하며 헌신된 공동체 생활을 하는 것은 기적입니다. 저절로 되지 않기 때문입니다. 비좁은 공간에서 함께 지내면 이와 정반대의 결과가 발생하기 일쑤입니다. 서로 간의 거리가 가까울수록 갈등이 더욱 발생하게 마련이고, 그 갈등 때문에 분명한 선을 그으려는 마음이 강화됩니다. 그러나 사도행전 2장에서 새롭게 형성된 공동체는 서로에게 간섭이 될 수 있는 생활을 했음에도 불구하고 소유와 빈부의 경계선을 허물었습니다. 성도들이 성령님을 따라 움직이기 시작하자 그들의 관심사가 자기 자신에게서 공동체의 유익으로 바뀌었습니다.

성령님이 우리의 마음에 자리 잡으시면 하나님을 향한 사랑과, 같은 믿음을 가진 이웃을 향한 사랑이 우리에게 넘쳐흐릅니다. 이와 같이 하나님과 다른 사람들을 향한 두 줄기 '쌍둥이 사랑'이 그리스도인의 삶 전체를 이끄는 원동력이 됩니다. 하나님을 향한 사랑은 세상으로 나아가 복음을 전하도록, 또한 형제 자매를 향한 사랑은 하나님의 백성과 풍성하면서도 깊은 관계를 맺도록 우리를 인도합니다.

알짬 교리 **99**

성령의 신성

성령님은 삼위일체의 세 번째 위격으로 성부 하나님, 성자 하나님과 마찬가지로 충만한 신성을 지니신 분입니다. 성령님의 신성은 영원하며(히 9:14), 무소부재하며(시 139:7~8), 창조주이자 생명을 주며(창 1:2; 시 104:30; 요 3:5~7), 성부 하나님, 성자 하나님과 더불어 삼위일체 하나님이시라는(마 28:19; 고후 13:13) 사실에서 직접적으로 확인됩니다.

그리스도와의 연결

students

예수님은 승천하시기 직전에 제자들에게 예루살렘에서 하나님 아버지께서 약속하신 성령을 기다리라고 하셨습니다. 성령님은 하나님 백성의 마음을 열어 주시는 은혜를 주십니다. 이 은혜를 받은 사람들은 예수님을 주님과 구주로 믿습니다. 그리하여 성령님은 제자들이 세상에서 그리스도의 증인으로 서도록 능력을 주실 것입니다. 성령님은 우리로 하여금 예수님을 더욱 닮아 가게 하십니다.

성령님의 은혜로 예수님을 믿게 된 사람들은 성령 충만을 받아 그리스도의 제자로 살아가게 됩니다. 성령 충만은 성도가 이 세상에 사는 동안 책임져야 할 몫입니다. 믿음과 기쁨으로 하나님께 의지해야 하고, 주님을 더욱 깊이 신뢰하며 살아가는 법을 배워야 합니다. 성령 충만하여 예수 그리스도의 복음 안에 거할 때 사랑과 기쁨이 넘치게 됩니다. 또한 그리스도에 대한 사랑과 기쁨이 친구나 이웃이나 가족에게 흘러가게 됩니다. 이것은 복음을 전하는 최고의 방법입니다. 어쩔 수 없이 하는 어색한 전도가 아니라, 구원이 주는 벅찬 기쁨으로 인해 자연스럽게 표현되는 전도입니다. 이는 오직 성령으로 충만할 때 선물로 주어지는 것입니다.

5~10분

하나님이 들려주시는 이야기는 오늘을 사는 나와 늘 연결되어 있습니다. 아래 질문에 답하면서 성경 이야기가 내 이야기와 어떻게 연결되는지 생각해 봅시다.

▶ **삼위일체 하나님에 관한 계시를 깨닫고 나서, 기도할 때 달라진 것이 있나요? 예배하는 방식에는 어떤 영향을 받았나요?**
예수님은 성령 하나님의 능력으로 성자 하나님을 통해 성부 하나님께 기도하라고 가르치십니다. 다른 말로 하자면, 삼위일체 하나님은 기도 생활뿐 아니라 모든 일상에도 관여하십니다.

▶ **사람들로 하여금 참된 공동체를 경험하지 못하게 가로막는 장애물은 무엇인가요? 또한 그런 장애물을 극복하기 어려운 이유는 무엇일까요?**
이 질문에 관한 대답은 다양할 것입니다.

▶ **믿음의 공동체가 성령 충만할 수 있도록 돕는 방법에는 무엇이 있을까요?**
다른 사람들을 하나님의 말씀으로 격려하거나, 그들에게 진심으로 관심을 기울이거나, 가난한 사람에게 베푸는 자세 등을 가질 수 있습니다.

▶ **베드로는 예수님의 복음을 어떻게 전달했나요? 베드로의 말을 듣고 난 후 복음을 전하는 여러분의 방식에 어떠한 변화를 줘야 할지 깨달은 것이 있나요?**
베드로는 설교할 때 구약성경을 자주 인용했습니다. 백성들과 관련이 있는 이야기였기 때문입니다. 또한 청중에게 호소한 것에서 그가 백성들에게 깊은 관심을 가지고 있었다는 사실을 알 수 있습니다. 이것은 우리가 다른 사람들에게 복음을 전할 때 본받을 만한 특징입니다.

하나님의 이야기
하나님이 그분의 아들
예수 그리스도를 통해
우리를 구속해 주신 이야기

우리의 이야기
우리의 이야기가
하나님의 이야기와
만나는 곳

YOUR MISSION

생각

흔히 예수님의 부활과 승천으로 복음이 끝났다고 생각하기 쉽습니다. 만일 그것이 사실이라면, 교회는 단지 복음에 관한 이야기를 반복하기 위해서만 존재하는 것일 뿐입니다. 그러나 우리는 오순절에 임하신 성령님이 복음 이야기를 이어 나가실 뿐만 아니라 하나님을 삼위일체로 계시하는 일을 완수하셨고, 성부와 성자를 우리와 직접 연결해 주신다는 사실을 알아야 합니다.

- 성령 충만에 대해 어떠한 생각이나 기대를 하고 있나요?
  이 질문에 관한 대답은 다양할 것입니다.

- 성령님이 임하시는 것이 성도의 삶에 중요한 이유는 무엇일까요?
  성령님은 죄에 대한 책망, 중생, 영화와 같은 문제에 깊이 관여하시므로, 성령 충만이 성도에게 매우 중요합니다.

마음

바울은 성령 충만을 "시와 찬송과 신령한 노래들로 서로 화답"을 하는 예배의 언어로 설명했습니다(엡 5:18~19). 이처럼 제자들도 복음에 대한 저항에 직면할 때 기쁨과 성령으로 충만했습니다(행 13:50~52). 자신의 환경이나 성공을 기뻐하는 대신에 하나님을 기뻐할 때 성령으로 충만해집니다. 성령으로 충만해지면, 하나님이 행하신 놀라운 일에 관해 들어야 할 사람에게 구주를 향한 사랑과 찬양의 말을 전하게 됩니다.

- 에베소서 5장 18~19절과 사도행전 13장 50~52절을 읽어 보세요. 본문에서 가장 인상적인 내용은 무엇인가요?
  이 질문에 관한 대답은 다양할 것입니다.

- 성령 충만을 받는 것은 성도가 살아가는 방식에 어떤 변화를 줄까요?
  성령님이 하시는 일 가운데 하나는 그리스도인들로 하여금 예수님을 닮아 가게 하는 성화입니다. 성화는 마음의 변화로 시작되지만, 결국은 성도의 일상적인 결정과 행위와 언어로 표출됩니다.

행동

사도행전 2장은 복음 전도에 관한 생각에 도전을 줍니다. 많은 사람이 복음을 꼭 전해야 하는지, 또한 언제 자신의 신앙과 예수님에 대한 이야기를 시작해야 하는지에 대해 고민합니다. 이런 대화를 수월하게 할 다양한 기법이 있습니다. 많은 교회가 전도 학교를 개설하는데, 이것은 전혀 나쁜 일이 아닙니다. 그러나 가장 기초 단계에서 복음을 담대하게 전하는 가장 쉬운 방법은 성령 충만을 위해 기도하는 것입니다.

- 성도로 하여금 복음을 전하지 못하도록 방해하는 것에는 무엇이 있나요?
  이 질문에 관한 대답은 다양할 것입니다.

- 이러한 문제를 극복하고 전도에 힘쓰기 위해 먼저 성령 충만해야 하는 이유는 무엇일까요?
  이 질문에 관한 대답은 다양할 것입니다.

> 다음 모임까지
> 느헤미야 11~13장;
> 시편 126편; 106편;
> 요한복음 1:4~14을
> 읽어 보세요.

02

성령님과 함께하니 두렵지 않아

요 약

그리스도인은 자신의 힘으로 담대해지는 것이 아닙니다. 그리스도인은 예수님을 믿음으로써, 그리고 구원자의 영광을 위해 살아가도록 하는 담대함과 권능이라는 성령님의 선물로써 담대할 수 있습니다. 예수님은 우리의 삶에서 첫 번째 자리를 차지할 자격이 있으시고, 이것은 그분의 이름을 위해서 행하는 우리의 행동으로 드러날 것입니다. 복음이 진리라고 확신한다면 그 믿음을 토대로 하나님께 담대함을 간구하며 진리를 선포해야 합니다. 그리스도인이라면 복음을 위해 담대하게 말하고 행동하는 것이 마땅합니다.

성 경

사도행전 3장 1~10절; 4장 5~31절

HIS STORY

포 인 트	그리스도인들이 믿음 안에서 담대할 때 복음이 퍼져 나간다.
등 장 인 물	성령님(삼위일체의 제3위격) 베드로(본명은 시몬이고, 안드레의 형제임. 유대인의 사도로 알려짐) 요한(요한복음, 요한일서, 요한이서, 요한삼서, 요한계시록의 저자. 예수님이 '사랑하시던 제자'로 유명함) 대제사장과 장로들과 서기관들(예수님 당시에 예루살렘의 성전 예배를 주관하며 유대교의 율법과 성경 해석을 담당했던 영적, 정치적 저명인사들임)
메시지 좌표	성령님이 실제로 임하시자 제자들의 삶이 변하기 시작했습니다. 전에는 소심했지만, 복음을 담대하게 전했고 심지어는 복음과 사역의 진정성을 입증하는 기적까지 행했습니다. 그 기적 가운데 한 가지에 초점을 맞추고 그 결과가 어떠했는지를 2과에서 살펴볼 것입니다.

도 입

살다 보면, 돌연 담대한 마음이 일어나서 위험한 결정을 내리거나 용감한 행동을 할 때가 있습니다. 자녀를 구하기 위해 회색곰이나 달리는 차나 방울뱀에 맞선 어머니의 이야기를 들어본 적이 있나요? 이와 같은 담대함을 보여 주는 이야기들이 많이 있습니다. 담대한 마음은 도망치는 것이 마땅한 위급한 상황에 맞서도록 도와줍니다. 소방관, 경찰관, 응급대원은 위기의 순간에 담대하고 용감한 결정을 내립니다.

그들뿐 아니라 예술가나 사업가를 포함해서 대부분의 사람들에게 담대함이 필요합니다. 이 모든 경우에 담대함은 선한 것으로 인도합니다. 담대함이 생명을 살리게 하고, 꿈과 소명을 따르게 합니다. 담대함은 사랑과 화해, 가족 안에서만 자라나는 깊은 공동체로 인도합니다.

오늘날 이 세상에서 그리스도인으로 살아가기 위해서는 영적인 저항에 맞설 수 있어야 한다는 측면에서 담대함이 필요합니다. 우리가 사는 세상은 믿음과 영성을 계속 밀어낼 뿐만 아니라, 이 세상의 대부분의 개념에서 하나님을 마치 불필요한 존재, 없는 존재로 취급합니다. 그런데 그리스도인들은 하나님이 세상을 창조하시고 죄로 인해 세상이 망가졌으며 예수님의 십자가 죽음과 부활이 하나님과 세상을 화목하게 했다는 대담한 이야기를 믿습니다. 이 믿음의 고백은 담대한 선포이고, 이 믿음대로 살아내기 위해서는 더욱 담대할 필요가 있습니다.

▶ 살면서 담대하게 행동해 본 적이 있나요? 그 결과는 어땠나요?

우리 베드로가 달라졌어요

사도행전 3~4장은 성령님의 능력으로 담대할 수 있었던 베드로와 요한의 이야기입니다. 그들은 앉은뱅이를 고쳐 주었습니다. 이 사건으로 인해 예수님의 발자취를 따르는 대가를 치러야 했습니다.

[1]제 구 시 기도 시간에 베드로와 요한이 성전에 올라갈새 [2]나면서 못 걷게 된 이를 사람들이 메고 오니 이는 성전에 들어가는 사람들에게 구걸하기 위하여 날마다 미문이라는 성전 문에 두는 자라 [3]그가 베드로와 요한이 성전에 들어가려 함을 보고 구걸하거늘 [4]베드로가

도입 선택

하지도 않은 일로 고발을 당하거나 거짓 고발을 받아 곤란을 당한 사람을 본 적이 있는지 생각해 보게 하십시오. 칠판이나 게시판에 학생들이 말하는 이름과 상황에 관해 기록한 후에 다음 질문을 하십시오.

• *그들은 그러한 고발에 어떻게 반응했나요? 그 결과, 어떤 일이 일어났나요?*

하나님은 베드로와 요한을 통해서 앉은뱅이를 고치셨고, 베드로와 요한은 모든 사람에게 앉은뱅이가 예수님의 이름과 권위로 고침 받았다는 사실을 알렸습니다. 종교 지도자들은 베드로와 요한이 예수님과 그분의 부활에 관해 가르치는 것을 못마땅하게 여겨 그들을 체포했습니다. 베드로는 물러서거나 다투는 대신에 그냥 복음을 제시했습니다. 종교 지도자들은 베드로와 요한에게서 책잡을 만한 것을 발견하지 못했기 때문에 풀어 주었습니다. 겉보기에 나쁜 상황일지라도 진리를 붙들고, 담대하게 복음을 선포하며, 하나님께 결과를 맡겨야 합니다.

요한과 더불어 주목하여 이르되 우리를 보라 하니 ⁵그가 그들에게서 무엇을 얻을까 하여 바라보거늘 ⁶베드로가 이르되 은과 금은 내게 없거니와 내게 있는 이것을 네게 주노니 나사렛 예수 그리스도의 이름으로 일어나 걸으라 하고 ⁷오른손을 잡아 일으키니 발과 발목이 곧 힘을 얻고 ⁸뛰어 서서 걸으며 그들과 함께 성전으로 들어가면서 걷기도 하고 뛰기도 하며 하나님을 찬송하니 ⁹모든 백성이 그 걷는 것과 하나님을 찬송함을 보고 ¹⁰그가 본래 성전 미문에 앉아 구걸하던 사람인 줄 알고 그에게 일어난 일로 인하여 심히 놀랍게 여기며 놀라니라(행 3:1~10)

⁵이튿날 관리들과 장로들과 서기관들이 예루살렘에 모였는데 ⁶대제사장 안나스와 가야바와 요한과 알렉산더와 및 대제사장의 문중이 다 참여하여 ⁷사도들을 가운데 세우고 묻되 너희가 무슨 권세와 누구의 이름으로 이 일을 행하였느냐 ⁸이에 베드로가 성령이 충만하여 이르되 백성의 관리들과 장로들아 ⁹만일 병자에게 행한 착한 일에 대하여 이 사람이 어떻게 구원을 받았느냐고 오늘 우리에게 질문한다면 ¹⁰너희와 모든 이스라엘 백성들은 알라 너희가 십자가에 못 박고 하나님이 죽은 자 가운데서 살리신 나사렛 예수 그리스도의 이름으로 이 사람이 건강하게 되어 너희 앞에 섰느니라 ¹¹이 예수는 너희 건축자들의 버린 돌로서 집 모퉁이의 머릿돌이 되었느니라 ¹²다른 이로써는 구원을 받을 수 없나니 천하 사람 중에 구원을 받을 만한 다른 이름을 우리에게 주신 일이 없음이라 하였더라(행 4:5~12)

사람들은 앉은뱅이를 날마다 미문이라는 성문에 두었습니다. 어쩌면 베드로와 요한은 그를 본 적이 여러 번 있을지도 모릅니다. 그런데 하필 그날은 가던 발길을 멈추고 앉은뱅이에게 주목했습니다. 하나님의 영이 그들로 하여금 주목하도록 인도하셨고, 베드로는 그가 요구한 것보다 훨씬 더 큰 것을 주도록 인도함을 받았습니다.

베드로가 걸으라고 하자, 지금까지 걷지 못하던 사람이 일어나 뛰며 하나님을 찬양했습니다. 기적을 보고 몰려든 사람들을 향해 베드로는 예수님이 십자가에 못 박혔다가 부활하신 메시아이시며, 바로 그분의 이름으로 치유가 일어났다고 설교했습니다(행 3:11~26).

이 일로 구속된 베드로와 요한은 유대 지도자들 앞에 불려가 자신들의 행동을 해명해야 하는 처지에 놓이게 되었습니다(행 4:1~3). 이 순간의 긴장감을 놓치지 말아야 합니다. 이 일은 공공장소에서 벌어졌습니다. 베드로와 요한은 날 때부터 걷지 못하던 앉은뱅이를 당시 지도자들이 죽였던 '정죄받은 이단자'의 이름으로 고쳐 주었습니다. 이는 단순히 신학적인 어떤 테스트가 아니었습니다. 예수님의 이름으로 행하는 사람들의 입을 막는 데에 전력을 쏟고 있던 당시 권력자들과의 사활을 건 대면이었습니다.

당시 종교 지도자들의 심문에 대한 베드로의 답변은 혁명적이었습니다(행 4:5~12). 그는 혼자만 살려고 하거나 모른다고 잡아떼거나 예수님의 이름이 조금만 거론되게 할 수 있었습니다. 베드로는 전에 심하게 예수님을 부인했던 사람입니다. 대신에 그는 정면으로 부딪쳤습니다. 그는 예수님에 대한 그들의 증오에 맞서서 그들이 메시아를 죽였다고 분명히 비난했습니다. 베드로는 자신이 영웅이 되려고 그처럼 담대하게 맞선 것이 아니었습니다. 그는 예수님이 어떤 분이신지에 관한 진리를 전했습니다. 즉 예수님은 모든 창조의 초석이시자 구원의 유일한 원천이심을 밝힌 것입니다. 베드로는 자신의 논지를 증명하려고 하기보다 예수님을 가리키려고 했습니다. 이것은 영적 담대함과 무지함을 구별하는 요소입니다. 베드로는 성령 충만한 증언을 함으로써 예수님 중심의 예배를 드리도록 이끌었습니다.

만약 여러분이 베드로라면 종교 지도자들의 질문에 어떻게 대답했을까요? 예수님이 유일한 구원자이심을 믿나요?

> 만일 그리스도인으로서 하나님을 알고 그분께 순종하는 데
> 온전히 헌신된 삶을 살 계획이 아니라면
> 시작하지 마십시오.
> 왜냐하면 이것이 기독교의 전부이기 때문입니다.
> 시민권이 바뀌는 것이고, 통치자가 바뀌는 것이며,
> 충성할 대상이 바뀌는 것입니다.
> 그리스도께서 다스리시는 삶을 살 생각이 없다면,
> 기독교는 잊어버리십시오.
> 당신을 위한 것이 아니기 때문입니다.
> 케이 아더 Kay Arthur

아무리 겁줘도 소용없어

유대교 지도자들은 자신들이 위기에 직면했다는 사실을 깨달았습니다. 예수님을 이단으로 몰아 처형했는데, 그런데도 그분을 따르는 자들이 계속해서 그분의 이름으로 기적을 일으켰던 것입니다. 그들은 어떻게 해서든 이 위기를 피하고 싶었습니다.

[13]그들이 베드로와 요한이 담대하게 말함을 보고 그들을 본래 학문 없는 범인으로 알았다가 이상히 여기며 또 전에 예수와 함께 있던 줄도 알고 [14]또 병 나은 사람이 그들과 함께 서 있는 것을 보고 비난할 말이 없는지라 [15]명하여 공회에서 나가라 하고 서로 의논하여 이르되 [16]이 사람들을 어떻게 할까 그들로 말미암아 유명한 표적 나타난 것이 예루살렘에 사는 모든 사람에게 알려졌으니 우리도 부인할 수 없는지라 [17]이것이 민간에 더 퍼지지 못하게 그들을 위협하여 이후에는 이 이름으로 아무에게도 말하지 말게 하자 하고 [18]그들을 불러 경고하여 도무지 예수의 이름으로 말하지도 말고 가르치지도 말라 하니 [19]베드로와 요한이 대답하여 이르되 하나님 앞에서 너희의 말을 듣는 것이 하나님의 말씀을 듣는 것보다 옳은가 판단하라 [20]우리는 보고 들은 것을 말하지 아니할 수 없다 하니 [21]관리들이 백성들 때문에 그들을 어떻게 처벌할지 방법을 찾지 못하고 다시 위협하여 놓아 주었으니 이는 모든 사람이 그 된 일을 보고 하나님께 영광을 돌림이라 [22]이 표적으로 병 나은 사람은 사십여 세나 되었더라 (행 4:13~22)

종교 지도자들은 예수님이 어떤 분인지 알아보지 못한 자신들의 명백한 잘못과, 바로 눈앞에서 일어난 기적을 인정하지 않았습니다. 그 대신, 군인들에게 돈을 주며 제자들이 예수님의 시신을 무덤에서 도둑질해 갔다고 말하게 하는(마 28:11~15) 일을 반복하며 사태를 덮어 버리려 했습니다. 그들의 이런 반응은 전혀 새로운 것이 아닙니다. 지난 2천 년 동안 세상의 종교, 정치, 문화 지도자들은 예수님의 이름을 금지하고, 그분을 따르는 자의 입을 막으려고 노력해 왔습니다.

예수님을 깎아내리려는 압력을 이겨 내기 위해서는 세 가지가 필요합니다. 첫째, 예수님께 시선을 고정해야 합니다. 예수님이 누구시며, 그분의 삶과 죽음과 부활이 우리에게 무엇을 가져다주었는지 집중해야 합니다. 둘째, 하나님의 백성끼리 모여야 합니다. 교회에서 모일 때 하나님 나라의 시민인 것과 현재 속한 나라와 다른 권위 아래 있음을 기억해야 합니다. 셋째, 성령으로 충만하여 담대해야 합니다. 사도행전 4장 19~22절에 따르면, 베드로와 요한은 바로 그 시간을 위해 준비가 되어 있었습니다. 성령으로 충만했던 그들은 자신들을 억압하는 자들에게 믿음과 담대함으로 대응했고, 유대 지도자들을 만족시키기 위해 예수님을 부인하기를 거부했습니다.

기도할수록 더욱 담대해지기

사도들은 산헤드린에 맞선 뒤에 교회로 돌아갔습니다. 그러고 나서 어떤 일이 벌어졌는지 살펴봅시다.

²³사도들이 놓이매 그 동료에게 가서 제사장들과 장로들의 말을 다 알리니 ²⁴그들이 듣고 한마음으로 하나님께 소리를 높여 이르되 대주재여 천지와 바다와 그 가운데 만물을 지은 이시오 ²⁵또 주의 종 우리 조상 다윗의 입을 통하여 성령으로 말씀하시기를 어찌하여 열방이 분노하며 족속들이 허사를 경영하였는고 ²⁶세상의 군왕들이 나서며 관리들이 함께 모여 주와 그의 그리스도를 대적하도다 하신 이로소이다 ²⁷과연 헤롯과 본디오 빌라도는 이방인과 이스라엘 백성과 합세하여 하나님께서 기름 부으신 거룩한 종 예수를 거슬러 ²⁸하나님의 권능과 뜻대로 이루려고 예정하신 그것을 행하려고 이 성에 모였나이다 ²⁹주여 이제도 그들의 위협함을 굽어보시옵고 또 종들로 하여금 담대히 하나님의 말씀을 전하게 하여 주시오며 ³⁰손을 내밀어 병을 낫게 하시옵고 표적과 기사가 거룩한 종 예수의 이름으로 이루어지게 하옵소서 하더라 ³¹빌기를 다하매 모인 곳이 진동하더니 무리가 다 성령이 충만하여 담대히 하나님의 말씀을 전하니라(행 4:23~31)

여기서 우리는 담대한 기도와 담대한 사역은 서로 밀접하게 연관되어 있다는 중요한 사실을 발견하게 됩니다. 비록 과거에 부당하게 감금된 적이 있었지만, 교회는 성령 충만함으로 사역의 승리를 맛본 후, 뜨겁게 기도하며 하나님을 찾게 되었습니다. 이 그리스도인들은 자신들 가운데 일어났던 치유와, 유대 지도자에게 담대히 맞섰던 일과, 사람들이 보인 호의가 모두 하나님의 역사였다는 것, 좀 더 구체적으로는 성령의 역사였음을 인식했습니다. 교

회는 하나님을 따르고자 했고, 하나님이 계속 역사해 주시기를 간구했습니다. 그들은 예수님의 이름으로 치유와 기적이 지속되기를 기도했습니다.

초대교회 성도들처럼 담대하게 기도하는 사람의 삶은 어떻게 달라질까요?

알짬 교리 **99**

성령의 인격성

성경은 성령님의 온전한 신성뿐 아니라 인격으로서의 지위도 단언합니다. 많은 사람이 성령님을 인격이 아닌 힘이나 능력으로 오해해 왔습니다. 그러나 성경은 성령님이 인격을 가진 분으로 대우받으시고(행 5:3; 7:51; 히 10:29), 인격을 가진 분으로 행동하시며(요 14:26; 15:26; 롬 8:14), 인격을 가진 분으로서 태도를 취하시며(고전 2:10~11; 엡 4:30), 인격적인 방식으로 행동하신다는(사 63:10; 행 13:2) 점을 들어 성령님의 인격으로서의 지위를 확언합니다. 이 외에도 성경은 그리스도인이 성령님과 인격적인 관계를 맺는다는 점을 확증하고 있습니다(행 5:3~4; 7:51).

그리스도와의 연결

성령님이 오시자 제자들은 주님이자 구원자이신 예수님을 선포하기 시작했습니다. 그들은 예수님의 이름으로 기적을 행함으로써 하나님 나라의 권능을 세상에 보였습니다. 제자들은 세상의 권위자들과 맞닥뜨렸을 때 예수님에 대한 충성심을 재확인했고, 예수님이 능히 구원하신다는 확신으로 복음을 계속 선포했습니다.

> 우리 가슴이 창조주와 함께 뛰기 시작하면,
> 더 이상 침묵할 수 없게 됩니다.
> 로드니 우 Rodney M. Woo

YOUR STORY

하나님이 들려주시는 이야기는 오늘을 사는 나와 늘 연결되어 있습니다. 아래 질문에 답하면서 성경 이야기가 내 이야기와 어떻게 연결되는지 생각해 봅시다.

▶ **구원에 이르는 길이 오직 예수님뿐이라고 전할 때 어떤 위험을 만나게 될까요?**
최소한으로는 다른 종교를 용납하지 못하는 편협한 사람이라고 낙인이 찍힐 수 있습니다. 최악의 경우에는 예수님이 유일한 길이요 진리요 생명이심을 믿는다는 이유로 극심한 핍박을 당할 수 있습니다.

▶ **복음을 전할 때 어떤 태도와 행동을 피해야 할까요?**
교만하지 않아야 합니다. 논쟁에서 이기려 하거나 다른 사람을 열등한 사람으로 만들며 그들의 잘못을 증명하는 등의 행동을 피해야 합니다.

▶ **복음을 전한다는 이유로 통제와 압박을 받아본 적이 있나요?**
이 질문에 관한 대답은 다양할 것입니다.

▶ **눈앞에 닥친 문제를 해결하기 위해서나 사역을 준비할 때 기도해야 하는 이유는 무엇일까요?**
현재의 경험과 미래의 일에 하나님이 필요하기 때문입니다. 우리는 과거에 일어났던 일과 현재의 일과 미래의 일을 위해 하나님을 신뢰하며 기도해야 합니다.

하나님의 이야기
하나님이 그분의 아들
예수 그리스도를 통해
우리를 구속해 주신 이야기

우리의 이야기
우리의 이야기가
하나님의 이야기와
만나는 곳

YOUR MISSION

생 각

각자에게 맡겨진 사역을 위해 기도할 때 제자들의 뒤를 따를 수 있습니다. 실제 사역하는 것만큼이나 진지하게 기도함으로써 사역을 제대로 할 수 있게 됩니다. 그 사역은 찬양, 구제, 설교 혹은 복음 전파 등이 될 수 있을 것입니다. 담대한 사역을 위해서는 담대한 기도가 필요합니다. 즉 담대한 기도가 담대한 사역을 가능하게 합니다.

- **공동체나 교회에서 하나님의 능력과 담대함을 간구하지 못하게 막는 것은 무엇인가요?**
  기도의 능력에 관한 불신과 '내가 할 수 있다'라는 교만한 생각 등입니다.

- **매일 체계적인 기도 생활을 위해서 필요한 것은 무엇일까요?**
  이 질문에 관한 대답은 다양할 것입니다.

사도행전 4장에는 놀라운 관점이 등장합니다. 본문의 그리스도인들은 하나님의 사역이 훨씬 오래전에 시작되었고, 자신들은 하나님의 원대한 이야기에 참여하고 있을 뿐이라는 사실을 깨달았습니다. 그들은 하나님이 위대하심을 알았기 때문에 겸손할 수 있었습니다. 더불어 하나님이 수 세기 동안 신실하게 일하셨음을 깨닫고 새 힘을 얻어 담대할 수 있었습니다. 지금까지 하나님이 모든 사역을 감당하셨고 앞으로도 주관하실 것을 알기에 그들은 부담을 가질 필요가 없었습니다.

- **하나님이 성경, 역사, 삶 가운데 행하신 일을 생각하면서 기도할 때 더욱 담대해질 수 있는 이유는 무엇인가요?**
  하나님의 강력한 구속 이야기를 떠올리며 그 안에서 우리 역할을 상기하게 됩니다.

- **하나님이 행하시는 일을 끊임없이 기억하는 것이 날마다 담대한 삶을 살아가는 데 어떤 도움을 줄까요?**
  하나님이 세상에서 역사하신다는 사실을 진실로 믿는다면, 하나님이 주신 소명을 다하며 주님을 위해 담대하게 살고자 하는 의욕이 생길 것입니다.

행 동

초대교회의 성도와 마찬가지로 우리도 영적 저항을 받습니다. 목숨을 걸고 믿음을 지켜온 그리스도인이 분명히 있지만, 대부분은 목숨을 걸 만한 상황을 만나지 못했습니다. 물론 우리는 복음을 믿지 않는 문화와 친구와 이웃과 가족에게 비웃음이나 조롱이나 거절을 당할 것을 감수해야 합니다. 반대에 부딪힐 때 자신이 옳다는 것을 증명하려고 할 수 있지만, 베드로와 요한이 유대교 지도자들에게 보여 주었던 태도를 기억해야 합니다. 베드로는 논쟁에서 이기려고 노력하기보다는, 자신이 진리라고 알고 있는 사실을 선포했습니다. 예수님이 모퉁잇돌이시며 구원은 오직 예수님의 이름으로만 얻을 수 있다는 사실을 당당히 말했습니다.

- **그리스도인이 예수님께 절대적으로 충성하면 어떻게 될까요?**
  최고의 충성이 완벽을 의미하지는 않습니다. 죄를 지었을 때 회개하려고 하고, 세상이 주는 어떤 것보다도 예수님이 월등히 탁월하심을 아는 것을 의미합니다.

- **내가 복음을 받아들이고 믿게 된 이야기가 다른 사람이 복음을 받아들이는 일에 어떤 도움을 줄 수 있을까요?**
  이 질문에 관한 대답은 다양할 것입니다.

다음 모임까지
마태복음 1~2장;
누가복음 1~2장을
읽어 보세요.

03

베푸는 게 기쁨이야

요약

하나님이 후히 주시는 분인 것처럼, 다른 사람에게 후히 주는 것이 교회의 특징입니다. 하나님 아버지는 그분의 아들을 주셨고, 그 아들은 자신의 생명을 주셨습니다. 아버지와 아들은 성령님을 주셨습니다. 성령님은 그리스도를 믿는 사람에게 후한 마음을 주십니다. 성령님은 우리가 사랑하는 마음으로 서로를 지지하며 도움으로써 그리스도의 몸으로 연합하게 하십니다. 탐욕은 하나님과 반대되는 속성이고, 주님의 심판을 초래합니다. 성령님은 후히 주는 나눔과 탐욕인 나눔을 분별할 수 있게 도와주십니다.

성경

사도행전 4장 32절~5장 11절

HIS STORY

포 인 트　　하나님은 믿는 사람이 서로 연합하고 관대하라고 하신다.

등 장 인 물　　성령(삼위일체의 제3위격)

바나바(구브로 출신의 레위족 사람임. 자신의 밭을 팔아 얻은 수익금을 예루살렘 교회에 헌금했으며, 선교 여행에 여러 번 참여했음)

아나니아와 삽비라(물질적으로나 영적으로나 욕심이 많은 부부임. 교회에 헌금할 때 하나님과 사도들에게 거짓말을 함)

메시지 좌표　　예수님은 그분을 믿는 모든 사람과 상속을 나누기 위해 하늘의 풍성함을 버려 두고 우리를 위해 아낌없이 주는 본을 보여 주셨습니다. 성령님의 인도하심에 순종했던 초기 그리스도인들은 자신들이 가진 것을 가난한 사람들에게 나누었고 후히 주었습니다. 그러나 아나니아와 삽비라는 교회와 성령을 속이는 죄를 지었습니다. 성령님은 후하게 베푸는 마음에서 우러나온 나눔과, 탐욕적이고 기만적인 나눔을 구분하십니다.

도 입

5~10분

초바니요구르트라는 기업의 설립자 함디 울루카야(Hamdi Ulukaya)가 2016년 초에 내린 사업상의 중대한 결정이 각 신문의 1면을 장식한 적이 있습니다. 초바니요구르트는 당시 고단백질 다이어트가 유행하면서 그릭요거트로 큰 성공을 거둔 회사입니다.

성공을 축하하기 위해 울루카야는 회사 직원들을 한자리에 불러 모았고, 그들에게 회사 주식의 10퍼센트를 나누어 주겠다고 발표했습니다. 그 회사가 상장되거나 팔리면 그 주식의 가치가 엄청나게 오를 것입니다. 결과적으로 그 회사의 직원 가운데 일부는 백만장자가 되었습니다.

이 이야기를, 한 제약회사의 최고 경영자 마틴 시크렐리(Martin Shkreli)의 결정과 비교해 봅시다. 그는 자사의 약값을 한 알당 13.5달러에서 750달러로 올리기로 했는데, 이 결정은 대중의 원성을 사긴 했지만 법적으로는 문제가 없었습니다.

두 사업가가 보는 세상은 어떻게 다를까요? 그들은 앞으로 어떤 다른 모습으로 살아갈까요? 울루카야는 세상을 풍요로운 곳으로 볼 것이고, 성공과 부와 번영에 합당한 반응이란 다른 사람에게 나누어 주는 것이라고 생각할 것입니다. 특히나 자신의 성공을 도운 사람들에게는 더욱 풍성히 나누어 줄 것입니다. 시크렐리는 이 지구의 자원이 부족하기 때문에 어떠한 대가를 치르더라도 최대한 많이 모으기 위해 최선을 다할 것입니다. 바꿔 말하면, 의약품 가격을 5,000퍼센트 올림으로써 나쁜 평판을 얻더라도 부자가 될 수만 있다면 상관이 없다고 여길 것입니다.

성경은 세상이 풍요로운 곳임을 분명히 말씀합니다. 그렇기 때문에 하나님은 재산이나 소유나 시간이나 삶을 나누며 즐겁게 후히 베풀며 살라고 하십니다.

▶ 나의 마음과 행동은 울루카야와 시크렐리 중에 어느 쪽에 가까운가요?

억지로는 할 수 없는 일이 있어

성령님은 초대교회가 급진적인 관대함을 베풀도록 하시면서 그들이 가진 것을 나누고 서로의 필요를 돌보게 하셨습니다.

[32]믿는 무리가 한마음과 한뜻이 되어 모든 물건을 서로 통용하고 자기 재물을 조금이라도 자기 것이라 하는 이가 하나도 없더라 [33]사도들이 큰 권능으로 주 예수의 부활을 증언하니 무리가 큰 은혜를 받아 [34]그중에 가난한 사람이 없으니 이는 밭과 집 있는 자는 팔아 그 판 것의 값을 가져다가 [35]사도들의 발 앞에 두매 그들이 각 사람의 필요를 따라 나누어 줌이라(행 4:32~35)

오해하지 않는 것이 중요합니다. 본문은 가난하게 살라거나, 모든 소유를 팔아 가난한 사람에게 나누어 주라고 강요하는 것이 아닙니다. 강요가 아니라 초청입니다. 여기에 등장하는 새로운 그리스도인들은 새로운 가족이 되었습니다. 그들은 도움이 필요한 사람이 있으면 관대하게 대했습니다. 필요한 것보다 더 많이 가진 부유한 사람들은 그들의 소유를 팔아 새 가족들의 필요를 채워 주었습니다.

후히 베푸는 마음은 내적으로 동기 부여된 하나님 은혜의 열매입니다(고후 9:7). 이러한 이해는 나눔과 관련된 모든 율법주의에서 우리를 자유롭게 합니다. 하지만 다른 한편으로는 나눔에 대한 기대를 높이기도 합니다. 마음에서 흘러나와야 후히 베풀 수 있으므로, 베푸는 것은 우리의 마음 상태를 볼 수 있는 확실한 방법입니다. 이런 이유로 예수님은 보물이 있는 곳에 마음이 있다고 말씀하셨습니다(마 6:21).

사람들은 사랑하는 것에 마음을 둡니다. 사도행전 4장은 연합하게 하시는 성령님과 서로를 향한 사랑으로 인해 급진적이고 후히 베푸는 마음에 의해 행동하는 교회의 모습을 그려 줍니다. 하나님 가족의 사랑이 본문의 핵심입니다. 그들의 급진적인 조치에 충격을 받을 수도 있지만, 그 사랑의 동기에 감동해야 마땅합니다. 우리의 삶을 점검하며 다른 그리스도인들에게 초대교회 성도들과 같이 후히 베푸는 마음을 가지고 행동한 적이 있는지 생각해 보아야 합니다. 성령님은 교회가 연합하고 관대하도록 격려하십니다.

오늘날 교회와 공동체가 이처럼 온전히 베풀기 위해서는 어떻게 해야 할까요?

돈으로 은혜를 살 수 있다고 생각한다면

하나님은 언제나 선물보다 그것에 담긴 마음에 더 관심을 두십니다. 많든 적든, 우리의 전 소유이든 일부이든 무관하게 하나님은 기쁘게 나누는 것을 기뻐하십니다. 마지못한 나눔이나 강요된 나눔이나 주위 사람들에게 잘 보이고 자기 의를 보여 주려는 나눔은 기뻐하지 않으십니다.

> [36]구브로에서 난 레위족 사람이 있으니 이름은 요셉이라 사도들이 일컬어 바나바라(번역하면 위로의 아들이라) 하니 [37]그가 밭이 있으매 팔아 그 값을 가지고 사도들의 발 앞에 두니라 [1]아나니아라 하는 사람이 그의 아내 삽비라와 더불어 소유를 팔아 [2]그 값에서 얼마를 감추매 그 아내도 알더라 얼마만 가져다가 사도들의 발 앞에 두니(행 4:36~5:2)

이 이야기는 대부분 어느 정도 공감할 수 있는 친숙한 이야기입니다. 바나바로 더 잘 알려진 요셉은 복음에 감동하고, 교회를 사랑하는 마음으로 자신의 밭을 팔아 그 돈을 사도들에게 주어 도움이 필요한 사람들에게 나누어 주게 했습니다. 그는 진심으로 후히 베풀었는데 이러한 행동은 사람들의 박수갈채를 받았거나 최소한 인정을 받았을 것입니다. 사도들에게서든, 제자들에게서든 바나바가 인정받는 모습이 아나니아에게 자극이 되었을 것입니다. 아나니아는 후히 베풀며 나누고 싶었던 것이 아니라, 단지 그렇게 보이고만 싶었던 것입니다.

아나니아와 삽비라의 문제는 그들이 땅값의 일부만 바쳤다는 데에 있지 않습니다. 그들이 마치 전부를 바친 것처럼 속였다는 데에 있습니다. 아나니아와 삽비라의 거짓말 가운데 그들의 마음이 여실히 드러났습니다. 그들은 후하게 베푸는 마음이 아니라 탐욕스러운 마음으로 나누었고, 그들의 탐욕은 단순히 물질적인 것만이 아니라 영적이기도 했습니다. 그들은 철저히 베풀 줄 아는 사람으로 보이기 위해서 나누고자 했습니다. 사람들의 칭송을 바랐던 것입니다.

그들의 이야기는 어떻게 나누고, 왜 나누는지에 관한 동기를 점검해 보게 합니다. 기쁜 마음으로 나누는지, 우리를 위한 하나님의 선하심에 대한 반응으로 나누는지, 아니면 다른 사람들의 인정을 위해서 나누는 것인지 점검해 봐야 합니다. 하나님 은혜에 대한 기쁨으로 후히 베풀게 된 것인가요? 아니면 단지 그렇게만 보이고 싶어서 나누는 것인가요?

바나바와 아나니아의 차이는 그들이 세상을 어떤 곳으로 여기는가에 달려 있습니다. 바나바는 세상을 풍요로운 곳으로 보았습니다. 그는 자신의 모든 소유가 하나님께로부터 왔다는 사실을 알았고, 궁핍할 때에는 하나님과 하나님의 백성을 의지하면 된다고 믿었습니다. 그렇기 때문에 자신의 소유를 기꺼이 나주어 줄 수 있었습니다. 반면에 아나니아는 세상을 결핍된 곳으로 보았습니다. 그는 부에 매달렸을 뿐만 아니라 칭찬과 갈채도 갈망했습니다. 머지않아 아나니아는 자신이 둘 중 아무것도 얻지 못한다는 사실을 깨닫게 되었습니다. 곧이어 아나니아의 거짓말이 가져온 결과는 충격적이었습니다.

성령을 속일 수 없어

³베드로가 이르되 아나니아야 어찌하여 사탄이 네 마음에 가득하여 네가 성령을 속이고 땅값 얼마를 감추었느냐 ⁴땅이 그대로 있을 때에는 네 땅이 아니며 판 후에도 네 마음대로 할 수가 없더냐 어찌하여 이 일을 네 마음에 두었느냐 사람에게 거짓말한 것이 아니요 하나님께로다 ⁵아나니아가 이 말을 듣고 엎드러져 혼이 떠나니 이 일을 듣는 사람이 다 크게 두려워하더라 ⁶젊은 사람들이 일어나 시신을 싸서 메고 나가 장사하니라 ⁷세 시간쯤 지나 그의 아내가 그 일어난 일을 알지 못하고 들어오니 ⁸베드로가 이르되 그 땅 판 값이 이것뿐이냐 내게 말하라 하니 이르되 예 이것뿐이라 하더라 ⁹베드로가 이르되 너희가 어찌 함께 꾀하여 주의 영을 시험하려 하느냐 보라 네 남편을 장사하고 오는 사람들의 발이 문 앞에 이르렀으니 또 너를 메어 내가리라 하니 ¹⁰곧 그가 베드로의 발 앞에 엎드러져 혼이 떠나는지라 젊은 사람들이 들어와 죽은 것을 보고 메어다가 그의 남편 곁에 장사하니 ¹¹온 교회와 이 일을 듣는 사람들이 다 크게 두려워하니라(행 5:3~11)

속임수가 발각되자 아나니아가 그 자리에서 죽었습니다. 이어서 그의 아내도 똑같이 되었습니다. 너무 가혹한 처벌이라고 생각할 수 있습니다. 하지만 이는 그들의 죄가 얼마나 심각한지를 보여 주는 것이며, 우리의 죄에도 마찬가지로 적용될 것입니다. 돈 계산의 잘못이 문제가 아닙니다. 사실, 금액과는 상관없는 일입니다. 문제는 연합과 신뢰와 친밀감을 파괴했다는 것이며,

하나님 가족 간의 연합이 중요하다는 것입니다.

　복음 때문에 초대교회 성도는 희생적이고 후히 베푸는 삶을 살았고 그 풍성한 열매를 즐겼습니다. 필요 이상을 소유한 사람은 나눔의 기쁨을 누렸습니다. 도움이 필요한 사람은 그 필요가 충족되는 기쁨을 누렸습니다. 아나니아와 삽비라는 인정을 받고 싶었습니다. 더 구체적으로 말하자면, 그들은 실제로 희생한 것보다 더욱 인정을 받기 원했습니다. 그들은 바나바처럼 그들 역시 땅값을 전부 헌금했다고 사도들이 생각하기를 바랐습니다. 실제로 아나니아와 삽비라가 땅값을 전부 내놓거나 또는 일부만 헌금했다고 솔직히 말했더라면, 급사는 면했을 것입니다. 그들은 하나님의 영광이 아닌 자기 자신의 영광을 구했고, 교회의 유익이 아닌 자신의 유익을 추구했기에 심판을 받았습니다.

　이 이야기는 악인이 결코 하나님 나라에 함께할 수 없음을 보여 주는 성령님의 심판을 볼 수 있는 예입니다. 이와 달리 구원을 받은 자가 죄를 범할 때 받는 징계는 그 형태가 다양하며 종종 미묘하게 이루어지기도 합니다. 하나님이 성미가 고약하시거나 편협한 감독관이어서가 아니라 교회를 사랑하시며 하나님의 자녀들이 거룩하게 되기를 바라시기 때문입니다(히 12:5~11).

알짬 교리 99

사회적 관심

모든 그리스도인은 자신의 삶과 인간 사회에서 그리스도의 뜻을 최우선으로 삼아야 할 의무가 있습니다. 사회를 개선하고, 사람들 사이에 의로움을 세우기 위한 수단과 방법은 그것들이 예수 그리스도 안에 있는 하나님의 구원의 은혜로 말미암아 거듭난 한 사람 한 사람 안에 뿌리를 박고 있을 때만 진정으로, 그리고 영구적으로 도움이 될 수 있습니다. 그리스도의 정신에 따라, 그리스도인은 인종 차별, 모든 형태의 탐욕, 이기심, 악덕, 그리고 간음과 동성애와 포르노를 포함한 모든 형태의 성적 부도덕에 저항해야 합니다. 우리는 고아, 가난한 자, 학대받는 자, 노인, 무력한 자 그리고 병자의 필요를 채워 주기 위해 노력해야 합니다. 우리는 태어나지 않은 태아들을 대변해야 하고, 잉태에서 자연적인 죽음에 이르기까지의 모든 인간 생명의 존엄성을 주장해야 합니다. 모든 그리스도인은 의와 진리와 형제애의 원칙을 따라 산업계, 정부, 사회가 전체적으로 움직이도록 노력해야 합니다. 이러한 목적을 위해서, 그리스도인은 그리스도와 그리스도의 진리를 따르는 데 있어서 타협하지 않으면서도 항상 사랑의 정신으로 정중하게 행동하면서 선한 목적으로 선한 뜻을 가진 모든 사람과 협력할 준비가 되어 있어야 합니다 (미 6:8; 엡 6:5~9; 살전 3:12).

그리스도와의 연결

하나님이 세상을 창조하신 모습에서 볼 수 있듯이, 또한 수풀에 뿔이 걸린 숫양이나 유월절의 양이나 광야의 만나로 그분이 자신의 백성을 찾고 공급하시는 모습에서 볼 수 있듯이 우리는 풍요로운 세상에서 살고 있습니다. 물론, 예수님의 삶과 죽음과 부활에서도 하나님이 우리에게 풍성하게 베푸시는 모습을 볼 수 있습니다. 이러한 풍요로움 가운데에서는 무엇인가를 독차지하는 것보다 나누는 것이 더 큰 결실을 맺습니다. 우리가 본받아야 할 최고의 모범이신 예수님은 자신이 죽기까지 복종하심으로써 모든 이름 위에 뛰어난 이름으로 지극히 높임을 받으셨습니다(빌 2:5~11).

우리는 이러한 예수님을 본받아, 소유하는 것에 집착하는 대신에 자신의 것을 다른 사람에게 나누어 주고 예수님과 동일하게 다른 사람의 종이 되도록 초청을 받았습니다. 하나님은 교회와 세상에서 그분의 뜻과 영광을 위해 풍성하게 사용하도록 자신의 소유물을 내어 드릴 수 있게 우리를 초대하셨습니다. 우리 안에 계시는 성령님은 우리의 마음을 변화시켜 우리가 더 많이 갖는 것이 정당하다는 사실에 집착하지 않고 가난한 사람들에게 나누어 주며 예수님의 마음을 드러내도록 하심으로써 온전히 베풀게 하십니다.

> 신자들은 하나가 되어 가라는 명령을 받은 게 아닙니다.
> 우리는 이미 하나이며 하나인 듯이 행동해야 합니다.
> 조니 에릭슨 타다 Joni Eareckson Tada

5~10분

YOUR STORY

하나님이 들려주시는 이야기는 오늘을 사는 나와 늘 연결되어 있습니다. 아래 질문에 답하면서 성경 이야기가 내 이야기와 어떻게 연결되는지 생각해 봅시다.

▶ **오늘날 교회에서 관대하게 베푸는 모습으로는 어떤 것이 있을까요?**
이 질문에 관한 대답은 다양할 것입니다.

▶ **예수님의 복음을 묵상하는 것은 어려움에 처한 사람에게 기쁜 마음으로 나누어 주도록 어떻게 우리를 이끌까요?**
복음을 묵상하면, 예수님이 십자가에서 희생하심으로써 우리가 분에 넘치는 후한 선물을 받았다는 사실을 깨닫게 됩니다. 이러한 은혜와 긍휼과 후한 선물로 말미암아 다른 사람들에게도 후히 베풀게 됩니다.

▶ **아나니아와 삽비라의 이야기는 비그리스도인에게 하나님에 관하여 어떤 오해를 줄 수 있을까요?**
어떤 사람은 하나님이 사랑이 없으며 불공평하고 너무 가혹하다고 말할 것입니다.

▶ **이런 오해를 푸는 데 도움을 주는 성경 진리에는 어떤 것이 있을까요?**
먼저, 하나님이 잘못이나 불의를 행하실 수 없다는 점을 처음부터 확실히 해 두는 것이 좋습니다. 더 나아가서 하나님은 죄를 지은 우리 가운데 누구에게도 은혜와 긍휼을 베푸실 의무가 없으십니다. 그럼에도 불구하고 하나님은 창세 이후 계속해서 우리에게 은혜와 긍휼을 베푸셨습니다. 성경을 살펴보는 중에 우리는 하나님이 그러실 필요가 없는데도 은혜와 긍휼을 지속적으로 보여 주시는 모습을 목격했습니다. 이에 관한 최고의 예는 십자가에서 우리 죄를 대신하도록 하나님이 자기 아들을 보내신 사건일 것입니다.

하나님의 이야기
하나님이 그분의 아들
예수 그리스도를 통해
우리를 구속해 주신 이야기

우리의 이야기
우리의 이야기가
하나님의 이야기와
만나는 곳

YOUR MISSION

생 각

우리가 경험하는 징계는 아나니아와 삽비라가 받은 심판과는 다른 것입니다. 징계는 구원을 위한 것이며, 회복을 위한 것이기 때문입니다. 그러나 죄에는 언제나 그 대가가 있고, 그로 인해 겪는 고통은 하나님이 우리를 정결하게 하며 빚어 가시는 한 가지 방법입니다. 성령님은 우리와 함께 그 고통을 견디며 우리를 치유하실 수 있습니다. 우리로 하여금 죄를 인식하게 하시고, 정결하게 될 수 있음을 깨닫게 해 주십니다.

- **다른 사람과의 나눔 가운데 부정직이 어떤 모습으로 스며들 수 있을까요?**
  보여 주기 식으로 나누거나, 대가를 바라면서 나눌 때 부정직이 스며들 수 있습니다.

- **어떻게 하면 부정직하게 나누는 것을 방지할 수 있을까요?**
  이 질문에 관한 대답은 다양할 것입니다.

마 음

아나니아와 삽비라의 문제는 잘못된 셈법에 있는 것이 아니라 잘못된 동기로 명성과 영광을 취하고자 추구했던 것에 있습니다. 성령 충만하기 원한다면, 성령님이 만나 주시고 일하시는 장소인 마음 중심에 세심한 주의를 기울여야 합니다. 자신의 마음 가운데 자기중심성, 이기심, 교만이 있음을 깨닫게 된다면 즉시 예수님께 돌이켜서 자신의 마음을 변화시켜 달라고 성령님께 간구해야 할 것입니다.

- **아나니아와 삽비라의 죽음은 교회의 정결에 관해 무엇을 깨닫게 해 주나요?**
  그들의 죽음을 통해, 하나님이 교회의 연합과 순결을 중요하게 여기신다는 사실을 알 수 있습니다. 마찬가지로 우리도 그래야 합니다.

- **하나님의 백성은 교회의 순결을 유지하는 데 어떤 역할을 감당할까요?**
  하나님의 백성은 교회의 순결을 유지하기 위해서 서로 책임을 묻고, 필요하다면 교회의 치리권을 행사하며, 복음에 전하는 등의 역할을 담당해야 합니다.

행 동

이 이야기는 두 가지를 강조합니다. 바로 그리스도의 몸인 교회가 가족으로서 서로 연합하는 것의 중요성과, 그리스도인이 마음과 삶으로 후히 베푸는 것의 중요성입니다. 앞에서 살펴보았듯이, 이 두 가지 중요한 진리는 분리되지 않습니다. 이미 심각한 개인주의와 탐욕으로 물든 문화에서 교회가 참으로 연합하기 위해서는 후히 베푸는 것이 필요합니다.

- **하나님의 가족이 된 축복을 경험해 본 적이 있나요?**
  이 질문에 관한 대답은 다양할 것입니다.

- **온전히 베푸는 모습으로 인해 감동을 받은 성경 이야기가 있나요?**
  이 질문에 관한 대답은 다양할 것입니다.

> 다음 모임까지
> **마태복음 3~6장;**
> **마가복음 1~2장을**
> 읽어 보세요.

04

스데반,
끝까지 예수님을 따르다

요 약

성령님은 그리스도를 따르는 자들이 그분을 위해 고난을 감수할 수 있도록 힘을 주십니다. 거짓 고발이나 죽음 또는 다른 변화된 형태로 오는 고난 가운데서 우리가 고백하는 충성스러운 증언은, 율법과 선지서를 완성하고 우리를 죄에서 구원하려고 오신 예수 그리스도에 대한 간증이 됩니다. 믿음 안에서 고난당하는 것은 구주의 발자취를 따르는 것이며, 그분의 가치가 생명을 포함한 모든 것보다 값지다는 사실을 보여 주는 것입니다.

성 경

사도행전 6장 8~15절; 7장 44~60절

HIS STORY

포 인 트	하나님은 그리스도께 배운 대로 종의 태도를 취하라고 하신다.

등 장 인 물

성령님(삼위일체의 제3위격)

스데반(복음을 전하고, 선한 일을 했다는 이유로 돌에 맞아 죽은 초대교회 최초의 순교자)

메시지 좌표

제자의 수가 늘어나자 사도들은 교회에서 경건한 사람 일곱 명을 선별하여 그들이 과부들을 돌보게 했습니다. 그 가운데 한 명인 스데반은 믿음이 있고, 성령으로 충만한 사람이었습니다(행 6:5). 그는 백성 가운데서 큰 기사와 표적을 행했고, 예수님이 구약의 예언을 성취하셨다는 사실을 산헤드린 공회에 보여 주기도 했습니다. 스데반의 증언을 들은 유대교 지도자들은 격분하여 그를 성 밖으로 내치고 돌로 쳐서 죽였습니다.

도 입

5~10분

'만족 지연'(delayed gratification)이란 말을 들어 본 적 있나요? 이것은 어떤 특정한 즐거움을 피하는 것이 장기적으로 보았을 때 더 많은 즐거움을 가져다주기 때문에 그것을 피하는 의식적인 결정을 가리킵니다. 예를 들면, 학교에 다니는 것이 가장 즐거운 일은 아닐지라도 미래에 더 나은 직업을 갖기 위해서 자퇴하지 않는 것입니다. 또는 나중에 체중이 증가하지 않도록 지금 치즈 케이크를 먹지 않는 것입니다.

▶ 그 외에도 만족 지연과 관련된 예에는 어떤 것이 있을까요? 개인적으로 그것을 어떻게 경험했나요?

어떤 의미에서 그리스도인들은, 특히 박해와 관련해서는 만족 지연이라는 개념에 따라 행동합니다. 박해가 무엇인지에 대해 다음과 같이 정의할 수 있습니다. "그리스도인이라는 이유로 세상이 주는 적대감을 느끼고, 종교적 억압이 심각한 곳에서 언어적인 괴롭힘부터 위협적인 감정, 태도, 행동에 이르기까지 자신의 믿음으로 인해 대가를 크게 치르는 것." 선교를 위해 제작된 웹사이트들은 이런 박해 중 일부를 예로 들며 결국 "구타, 육체적 고문, 감금, 격리, … 투옥, 노예화" 등을 당하게 될 것임을 알려 줍니다.

사람들이 이 모든 것을 견디는 이유는 무엇일까요? 자신의 신앙을 부인하고 생활 방식을 바꾸어 박해를 피하면 되는데 그렇게 하지 않는 이유는 무엇일까요? 답은 만족 지연입니다. 즉 그리스도를 확고부동하게 믿으면서 기다리는 사람들은 이 시대의 고난이 '영원한 영광의 무게'(고후 4:17)와 비교할 때 가볍고 순간적이라는 사실을 알기 때문입니다.

나는 진실을 말할 뿐이야

고난과 죽음에도 흔들리지 않던 그리스도인에 관한 강렬한 이야기들이 사도행전 6~7장에 등장하기 시작합니다. 스데반이라는 제자는 예수님을 전한다는 이유로 박해를 당했습니다. 이 이야기는 이렇게 시작합니다.

[8]스데반이 은혜와 권능이 충만하여 큰 기사와 표적을 민간에 행하니 [9]이른바 자유민들 즉 구레네인, 알렉산드리아인, 길리기아와 아시아에서 온 사람들의 회당에서 어떤 자들이 일

도입 선택

오늘날 우리는 '박해'라는 단어가 특히 교회와 관련해서 사용되는 것을 흔히 듣습니다. '박해'란 본질적으로 '어떤 사람이 다른 사람의 믿음 때문에 그들에게 해를 끼치거나 그들을 고통스럽게 하는 것'을 의미합니다. 박해는 말이나 태도로 표현되기도 하지만, 때로는 구타나 고문이나 심지어 죽임으로 나타나기도 합니다.

• '박해'라고 하면 주로 어떤 것이 떠오르나요?

학생들에게 그리스도인을 박해하는 대표적인 10개 나라가 북한, 소말리아, 아프가니스탄, 파키스탄, 수단, 시리아, 이라크, 이란, 예멘, 에리트레아 등임을 가르쳐 주세요. 지도가 있으면 교실에 게시하여 이 나라들을 찾아보게 하세요. 4과를 시작하기 전에, 이들 나라의 그리스도인이 박해당하는 가운데에도 굳건히 서서 계속해서 그리스도를 위하여 살며 다른 사람에게 그리스도를 알릴 수 있기를 기도하세요.

어나 스데반과 더불어 논쟁할새 [10]스데반이 지혜와 성령으로 말함을 그들이 능히 당하지 못하여 [11]사람들을 매수하여 말하게 하되 이 사람이 모세와 하나님을 모독하는 말을 하는 것을 우리가 들었노라 하게 하고 [12]백성과 장로와 서기관들을 충동시켜 와서 잡아가지고 공회에 이르러 [13]거짓 증인들을 세우니 이르되 이 사람이 이 거룩한 곳과 율법을 거슬러 말하기를 마지 아니하는도다 [14]그의 말에 이 나사렛 예수가 이곳을 헐고 또 모세가 우리에게 전하여 준 규례를 고치겠다 함을 우리가 들었노라 하거늘 [15]공회 중에 앉은 사람들이 다 스데반을 주목하여 보니 그 얼굴이 천사의 얼굴과 같더라 (행 6:8~15)

성령으로 충만했던 스데반은 유대인들에게 예수님을 전하면서 기적과 표적을 행하는 사람으로 유명했습니다. 그 결과, 스데반은 논쟁을 벌이고 싶어 하는 사람들의 주목을 끌었습니다. 그들은 스데반이 간증을 그만두기를 바라면서 그에게 도전했습니다. 그러나 지혜로운 스데반이 하나님의 영으로 충만했으므로 그들의 노력은 수포로 돌아갔습니다.

스데반이나 베드로처럼 평범한 사람들이, 교육을 잘 받은 성직자들과 벌인 논쟁에서 이겼습니다. 논쟁에서 그들이 유리한 데에는 두 가지 이유가 있었습니다. 첫째, 그들이 진리의 편에 섰기 때문입니다. 그래서 논쟁에서 훨씬 쉽게 이길 수 있습니다. 둘째, 성령 충만했기 때문입니다. 언제 무엇을 말해야 할지를 깨닫는 초자연적인 지혜를 성령님이 그들에게 주셨습니다. 그렇기 때문에 그들이 이길 수 있었습니다.

시간이 흘러, 스데반이 유대 사회를 감독하던 종교 지도자들의 무리인 산헤드린 공회 앞에 불려 갔습니다. 스데반을 반대하던 자들은 공회 앞에서 그의 설교와 가르침에 관해 거짓말을 하면서 비열하고 치사한 전략을 썼습니다.

누군가가 다른 사람의 말과 행동을 거짓으로 전해서 곤경에 빠뜨린 것을 본 적 있나요? 스데반을 대적했던 거짓 증인들과 어떤 점에서 똑같은가요?

어떻게 너희만 몰라?

그들은 스데반에게 말하라고 재촉했고, 스데반은 사도행전 7장에서 예수님이 구약을 성취하셨음을 분명하게 증언했습니다. 종교 지도자들은 스데반이 구약을 모독했다고 고발했습니다.

⁴⁴광야에서 우리 조상들에게 증거의 장막이 있었으니 이것은 모세에게 말씀하신 이가 명하사 그가 본 그 양식대로 만들게 하신 것이라 ⁴⁵우리 조상들이 그것을 받아 하나님이 그들 앞에서 쫓아내신 이방인의 땅을 점령할 때에 여호수아와 함께 가지고 들어가서 다윗 때까지 이르니라 ⁴⁶다윗이 하나님 앞에서 은혜를 받아 야곱의 집을 위하여 하나님의 처소를 준비하게 하여 달라고 하더니 ⁴⁷솔로몬이 그를 위하여 집을 지었느니라 ⁴⁸그러나 지극히 높으신 이는 손으로 지은 곳에 계시지 아니하시나니 선지자가 말한 바 ⁴⁹주께서 이르시되 하늘은 나의 보좌요 땅은 나의 발등상이니 너희가 나를 위하여 무슨 집을 짓겠으며 나의 안식할 처소가 어디냐 ⁵⁰이 모든 것이 다 내 손으로 지은 것이 아니냐 함과 같으니라 ⁵¹목이 곧고 마음과 귀에 할례를 받지 못한 사람들아 너희도 너희 조상과 같이 항상 성령을 거스르는도다 ⁵²너희 조상들이 선지자들 중의 누구를 박해하지 아니하였느냐 의인이 오시리라 예고한 자들을 그들이 죽였고 이제 너희는 그 의인을 잡아 준 자요 살인한 자가 되나니 ⁵³너희는 천사가 전한 율법을 받고도 지키지 아니하였도다 하니라 (행 7:44~53)

우리에게는 스데반의 설교가 조금 이상하게 들릴 수 있습니다. 그가 전한 메시지와 그에 대한 반응이 왜 그토록 강력했는지를 이해하기 위해서는 본문을 읽으면서 두 가지를 염두에 두어야 합니다.

첫째, 스데반의 말을 듣던 유대인 청중에게 지상에서 성전보다 성스러운 것은 없었습니다. 예루살렘 성전은 유대인 역사상 가장 중요한 곳입니다. 유대인들의 배타적인 주장은 유일하게 참되신 하나님이 그들과 함께 거하신다는 사실에 근거했습니다. 하나님은 광야에서 방황하던 이스라엘이 들고 다니던 성막에 자신을 나타내심으로써 그들과 함께하셨습니다. 이스라엘이 약속의 땅을 정복한 후에는 예루살렘에 성전을 건축하도록 솔로몬을 임명하셨습니다.

둘째, 이스라엘은 하나님과 맺은 언약에 불충실했습니다. 그들은 이웃 나라들의 신들과 우상들을 섬겼습니다. 몇 세대 동안 성전은 한낱 돌무더기에 지나지 않았습니다. 성전 재건축은 영적 부흥과 함께 일어났습니다. 예루살렘 성전의 존재는 하나님이 언젠가는 이스라엘에 돌아오실 것이고, 이스라엘이 다른 나라들의 폭정에서 자유롭게 될 것이라는 사실에 대한 표징이었습니다.

스데반이 하나님이 거하시는 곳에 관해 말했을 때, 청중은 성전의 역사를 떠올렸습니다. 하나님은 어떤 곳에 매인 적이 없으셨고, 이스라엘에서 누구도 이 사실에 토를 달지 않았습니다. 그러나 스데반은 여기서 더 나아가 유대인들이 당시 이스라엘에서 어떤 일이 일어나고 있는지 그 핵심을 놓치고 있다고 말했습니다. 그는 하나님이 이스라엘로 돌아오셨고, 이번에는 성전에 나타나시지 않고, 피와 살이 있는 사람으로 오셨다고 말했습니다. 의로운 이가 오셨는데, 그들이 그분을 죽였다고 말했습니다.

끝까지 달리면, 마침내 그 영광을 볼 수 있어

스데반의 설교에 관한 반응은 신속하고도 끔찍했습니다.

[54]그들이 이 말을 듣고 마음에 찔려 그를 향하여 이를 갈거늘 [55]스데반이 성령 충만하여 하늘을 우러러 주목하여 하나님의 영광과 및 예수께서 하나님 우편에 서신 것을 보고 [56]말하되 보라 하늘이 열리고 인자가 하나님 우편에 서신 것을 보노라 한 대 [57]그들이 큰 소리를 지르며 귀를 막고 일제히 그에게 달려들어 [58]성 밖으로 내치고 돌로 칠새 증인들이 옷을 벗어 사울이라 하는 청년의 발 앞에 두니라 [59]그들이 돌로 스데반을 치니 스데반이 부르짖어 이르되 주 예수여 내 영혼을 받으시옵소서 하고 [60]무릎을 꿇고 크게 불러 이르되 주여 이 죄를 그들에게 돌리지 마옵소서 이 말을 하고 자니라(행 7:54~60)

스데반은 생의 마지막 순간을 맞고 있었으며, 하나님은 그와 끝까지 함께해 주셨습니다. 이것을 주목하는 것이 중요합니다. 종종 우리는 믿음을 버리라는 요구를 거절해서 몰매질, 고문, 죽음의 위협을 당하고 견뎌 낸 그리스도인에 관한 이야기를 들을 수 있습니다. 그런 상황에서 어떻게 믿음을 지킬 수 있었는지 알 수 없어서 궁금한 적도 있습니다. 우리는 목숨을 구하기 위해 차라리 믿음을 부인하려는 유혹에 빠지기 쉽습니다. 그러나 믿음을 버린다면 하나님이 용서하실까요?

스데반은 엄청난 압력을 느꼈지만, 굴복하지 않았습니다. 그 이유는 그가 성령 충만했기 때문입니다. 박해가 점차 심해지자 하나님의 공급하심도 점점 커졌습니다. 스데반은 하늘을 우러러보았고, 하나님의 영광과 하나님 오른편에서 계신 예수님을 보았습니다. 바로 그 순간에 예수님의 주권을 분명히 보았기 때문에 부인할 수 없었습니다. 그래서 그는 무리가 그를 향해 격분하던 중에도 기쁨과 경배로 외칠 수 있었습니다.

여기에는 성경 곳곳에서 발견되는 공통 원리가 작동하고 있습니다. 하나님은 우리가 하나님을 순종하고 좇는 데 필요한 모든 것을 공급하십니다. 이삭을 살리기 위해서 숫양을 예비하여 아브라함에게 주시고, 광야를 헤매는 이스라엘 백성에게 만나를 주시고, 우리의 죗값을 위해서 예수님을 속죄 제물로 내어 주신 하나님이 극심한 고난과 핍박의 순간에도 스데반을 붙들기 위해서 능력과 환상을 허락하셨습니다. 그러므로 고난과 시험이 다가와도 신실함을 잃지 않도록 하나님이 능력과 격려를 공급해 주시고 지원해 주실 것을 확신할 수 있습니다.

스데반의 마지막 말에서 두드러진 점은 무엇인가요?

알짬 교리 **99**

죽음 이후의 삶

성경은 그리스도인이 죽으면 바로 주님과 함께 있게 된다고 가르칩니다(눅 23:43; 고후 5:8). 어떤 사람들은 믿는 사람이 장래에 부활할 때에 최종적인 상태가 될 것(계 6:10~11)임을 감안하여, 이 상태를 '중간 상태'라고 부르기도 합니다. 그리스도 안에 있지 않은 이들은 죽은 후에 그리스도와 분리된 채 고통 가운데 놓이게 되며, 종말에는 심판을 받게 됩니다(눅 16:19~31).

> 나는 내 일이 지겹지 않고 세상이 지겹지도 않지만,
> 그리스도께서 나를 집으로 부르실 때 기쁘게 떠날 것입니다.
> 아도니람 저드슨 Adoniram Judson

그리스도와의 연결

　　교회의 역사에는 예수님을 증언하면서 성령님이 주신 담대함으로 고난과 죽음을 맞이했던 그리스도인들의 이야기로 가득합니다. 그들은 적대적인 사람들에게 복음을 전하다가 죽었습니다. 기나긴 세월이 흐르는 동안, 세계 곳곳에서 수많은 순교자들이 부활하신 구주에 대한 믿음 때문에 고문과 죽음에 직면했습니다.

　　그러나 이러한 고난은 복음이 퍼지는 것을 늦추지 못하고, 복음이 조용히 소멸되게 만들지 못합니다. 사실, 정반대입니다. 교회의 고난과 교인의 순교는 가지치기와도 같습니다. 그 결과, 교회는 더 강하게, 더 풍성하게, 더 깊게 뿌리를 내리고 자랍니다. 이런 역사는 스데반을 시작으로 초기 그리스도인들에게까지 거슬러 올라갈 수 있습니다.

students

　　스데반은 최초로 순교함으로써 그리스도의 발자취를 따랐습니다. 예수님과 스데반 둘 다 신성을 모독했다는 거짓말로 고발을 당했습니다. 예수님과 스데반 둘 다 사형 집행자들을 위해서 기도했고, 죽으면서 하나님께 자신의 영을 맡겼습니다. 스데반은 예수 그리스도의 제자로서 삶과 죽음에서 주님을 드러냈습니다.

> 하나님은
> 눈에 보이는 물건을 손에 쥔 사람이
> 자기가 물건을 쥐고 있음을 확신하는 것만큼이나
> 틀림없는 확신을 주시고, 모든 약속을 분명히 하십니다.
> 이처럼 우리는
> 눈에 보이지 않는 하나님의 약속을 붙들고서도
> 그것이 마치 눈에 보이는 것처럼
> 믿음을 고수해야 합니다.
> 피터 리데만 Peter Riedemann

YOUR STORY

하나님이 들려주시는 이야기는 오늘을 사는 나와 늘 연결되어 있습니다. 아래 질문에 답하면서 성경 이야기가 내 이야기와 어떻게 연결되는지 생각해 봅시다.

▶ **믿음 때문에 고난당하는 그리스도인들에 관해 들은 이야기가 있나요? 그 이야기는 자신의 믿음에 어떤 영향을 끼쳤나요?**
이 질문에 관한 대답은 다양할 것입니다.

▶ **교회는 성도들과 순교자들이 앞서 받았던 고난과 핍박에서 무엇을 배울 수 있을까요?**
인생은 짧고 우리가 영원을 고려하며 살아야 한다는 점을 상기시킴으로써 우리가 믿음 가운데 살아가도록 우리를 격려합니다.

▶ **믿음을 지켜야 하는 시점에서 예수님을 바라보면 어떻게 자신의 마음을 억누를 수 있을까요?**
우리가 다른 사람들의 신앙을 돕기 위해서 사랑을 지키기보다 그들과의 논쟁에서 이기려는 교만한 충동을 느낄 때, 예수님의 겸손은 우리에게 모범이 될 수 있습니다.

▶ **시험 가운데서도 믿음을 지킬 수 있도록 성령님이 어떻게 도와주셨나요?**
이 질문에 관한 대답은 다양할 것입니다.

하나님의 이야기
하나님이 그분의 아들 예수 그리스도를 통해 우리를 구속해 주신 이야기

우리의 이야기
우리의 이야기가 하나님의 이야기와 만나는 곳

YOUR MISSION

생 각

우리 문화가 기독교와 기독교의 세계관에 점점 적대적으로 변하고 있기에, 우리도 스데반과 비슷한 경험을 하게 된다고 해도, 놀랄 일이 아닙니다. 스데반은 구약의 율법과 성전에 신성 모독적인 말을 했다고 이유로 고발되었습니다. 우리도 단순히 인간 생명의 가치나 결혼의 의미나 타고난 성에 관한 전통적인 믿음을 고수한다는 이유로, 혐오 발언이나 편협함과 편견의 문제로 고발될 수 있습니다.

- **그리스도인들이 거짓 고발당하는 것을 본 적이 있나요?**
  이 질문에 관한 대답은 다양할 것입니다.

- **우리가 사람들의 반대에 대응할 때, 성령님은 어떤 역할을 하시나요?**
  우리가 저항을 경험할 때 성령님이 용기와 담대함, 영원의 관점 등을 주십니다.

마 음

스데반은 자신이 옳다는 이유로 비판적인 태도나 교만한 태도를 보이지 않았습니다. 그는 종교 지도자들을 신랄하게 질책하기는 했지만, 죽는 순간에는 그들이 한 행동을 용서해 달라고 하나님께 간청했습니다. 그는 예수님처럼 자신을 핍박한 자들을 위해 은혜를 구했습니다. 그는 자신의 옳음을 증명하고자 하는 교만이 아니라 사랑이라는 동기로 행동했습니다. 그는 사람들이 자기 자신을 믿기보다는 예수님을 믿기 원했습니다. 설교와 복음 전도와 믿음에 관한 논쟁은 단순히 이기고 싶은 마음이 아니라 잃어버린 자들을 향한 사랑과 긍휼의 마음에서 비롯되어야 합니다.

- **사람들이 오만한 사람보다 겸손한 사람에게 더 잘 반응하는 이유는 무엇일까요?**
  사람들은 겸손한 사람에게 호감을 가지는 반면에 교만한 사람은 부정적으로 봅니다.

- **어떻게 하면, 사랑의 내적 동기를 겉으로 보일 수 있을까요?**
  우리는 사랑으로 진리를 나누는 것을 회피하지 않으며, 다른 사람들을 말로만 사랑하는 것이 아니라 행동으로도 사랑해야 합니다.

행 동

성령 충만한 그리스도인은 기이하고 놀라운 일을 행하는 자기 자신을 발견합니다. 그리스도인이 고난과 죽음을 두려움 없이 맞이할 수 있다는 것보다 기이하고 강력한 일은 없을 것입니다. 암에 걸렸을 때나 군중 앞에 섰을 때나 동일하게 강력한 초자연적인 힘이 우리를 붙들어 줍니다. 우리가 성령님의 권능을 받고 소망 가운데 예수님을 바라볼 때에, 죽음의 권능을 무색하게 만드는 확신을 얻게 됩니다(고전 15:51~58). 스데반은 그를 핍박하는 자들의 손에 죽임당했습니다. 그러나 그는 예수님이 살아 계시다는 사실과, 죽은 자의 무덤이 정복되었으며 우리가 이 세상에서 두려워할 것이 전혀 없다는 사실 때문에 확신을 가지고 죽었습니다.

- **고난 중에도 신실함이 성도에게 격려가 되는 것을 본 적이 있나요?**
  이 질문에 관한 대답은 다양할 것입니다.

- **고난을 통해 비그리스도인에게 복음의 길이 열리는 것을 본 적이 있나요?**
  이 질문에 관한 대답은 다양할 것입니다.

> 다음 모임까지
> **마태복음 7~10장;**
> **마가복음 3~4장을**
> 읽어 보세요.

05

빌립,
가서 복음을 전하다

요약

결국 섭리에 의한 것이었다고 판명된 일종의 '우연한 만남'의 예들을 사도행전에서 볼 수 있습니다. 이 과에서는 복음 전도자이자 예수님을 따르는 자였던 빌립이 하나님의 촉구를 받아 떠난 여행에서 이러한 만남을 가졌던 것을 보게 됩니다. 빌립은 한 에티오피아 사람과 만나게 되었고 하나님 나라의 확장을 이끌었습니다. 이 만남을 인도하셨던 성령님은 오늘날에도 이러한 일을 계속하십니다. 성령님은 그리스도인으로 하여금 다른 사람에게 나아가 성경을 사용하여 예수님을 보여 주고, 그분을 믿음으로써 영생을 얻을 수 있도록 인도해 주시는 일을 계속하십니다.

성경

사도행전 8장 26~40절

HIS STORY

| 포 인 트 | 하나님은 신실한 증인, 순종하는 증인이 되라고 하신다. |

포 인 트　하나님은 신실한 증인, 순종하는 증인이 되라고 하신다.

등 장 인 물　성령님(삼위일체의 제3위격)
빌립(예수님의 제자로, 성령님께 이끌리어 에티오피아인 고위 관리를 만난 것으로 유명한 복음 전도자)

메시지 좌표

스데반이 순교한 후, 교회는 극한 박해를 받기 시작했고 예수님을 따르던 많은 사람이 유대와 사마리아로 흩어졌습니다. 예수님을 따르던 빌립 역시 처음에는 사마리아로 갔습니다. 그러나 하나님은 그에게 예루살렘에서 가사로 향하는 길로 가라고 하셨습니다. 빌립은 순종했고, 하나님은 그가 그 길에서 에티오피아 사람에게 성경을 가르치게 하셨습니다.

도 입   5~10분

세상의 작동 원리에 관한 세속적인 설명을 믿는다면, 인생의 대부분은 운에 달려 있습니다. 우리 삶과 경력과 관계를 형성하는 모든 사건이 우연이라는 것입니다. 적당한 시기에 적당한 곳에서 갑자기 배우자를 만납니다. 우연한 만남이 오랫동안 꿈꾸던 직업을 갖는 길로 이어집니다. 아니면 우연의 일치가 끔찍한 사고나 실수나 불행을 이끌 수도 있습니다. 세속적인 설명이 옳다면, 우리가 세상에서 바랄 것은 행운밖에 없고 우리 삶을 좋고 아름답게 만드는 모든 것이 우연에 의한 것이 됩니다.

한 부부가 사랑에 빠져 결혼하게 된 이야기를 최근에 들었습니다. 그들 이야기의 시작은 선교 여행이었습니다. 남자가 자신의 교회에서 선교 여행에 참여하고, 여자 역시 자신의 교회에서 선교 여행을 떠났습니다. 그들은 우연히 같은 장소에 머물게 되었는데, 함께 보낸 시간은 하루에 불과했습니다. 두 사람은 중앙아메리카의 정글 한복판에 있는 진료소에서 오후 동안 같이 일한 뒤에 각자의 길을 갔습니다. 그 후에 서로에 대해 자주 생각했지만, 성도 알지 못했습니다. 1년이 흐른 후에 둘은 어느 결혼식장에서 재회했고, 불과 6개월 만에 결혼했습니다. 그들은 10년이 지난 뒤에도 여전히 서로를 끔찍이 사랑하고 있습니다.

▶ 살다가 어떤 '우연한 만남'을 경험했거나 그런 만남에 관해 들어본 적이 있나요?

'우연한 만남'에 관한 이야기는 여러 권의 책을 만들 수 있을 만큼 많습니다. 그런데 이런 만남이 모두 우연이라면 말이 되는 것일까요? '우연'이라는 단어가 우리 주위에 일어나는 모든 일에 대한 최선의 설명일까요? 성경에서 사고나 우연은 없습니다. 사실, 우연한 만남 자체가 하나님이 정하신 것입니다. 애굽의 요셉이나 골리앗과 싸운 다윗이나 우물가에서 예수님을 만난 사마리아 여인을 생각해 보세요. 그리스도인은 우연으로 세상을 바라보는 것을 경계해야 합니다.

하나님이 말씀하시니 망설일 필요 없지

하나님의 섭리와 계획의 실제성을 조명해 주는 실마리를 복음서와 사도행전 곳곳에서 볼 수 있습니다. 사람들은 갑자기 길을 떠나고 싶은 충동에 이끌리거나, 때마침 거리에서 예수님이나 사도들을 만났습니다. 하나님은 이러한 많은 놀라운 만남을 통해서 교회를 세우셨습니다. 본문은 이러한 만남의 한 예입니다. 예수님의 제자가 아무런 설명 없이, 아무것도 없는 곳으로 보내졌습니다.

연 대 표

에티오피아인 여행자
THE ETHIOPIAN TRAVELER
빌립이 복음의 메시지를 충실하게 전하다.

고넬료와 만나는 베드로
PETER VISITS CORNELIUS
복음이 이방에 전파되다.

박해자에서 복음 설교자로
FROM PERSECUTOR TO PREACHER
예수님을 박해하던 바울이 부활하신 그리스도를 만나고 영원히 변화되다.

초기 선교사들의 사역
EARLY MISSIONARIES
바울과 바나바가 열방에 교회를 세우기 시작하다.

오직 그리스도
CHRIST ALONE
구원은 오직 그리스도를 믿음으로써 은혜로 얻는다.

모두에게 열려 있는 구원
SALVATION AVAILABLE TO ALL
다양한 배경의 사람들이 복음 메시지를 듣게 되다.

[26]주의 사자가 빌립에게 말하여 이르되 일어나서 남쪽으로 향하여 예루살렘에서 가사로 내려가는 길까지 가라 하니 그 길은 광야라 [27]일어나 가서 보니 에디오피아 사람 곧 에디오피아 여왕 간다게의 모든 국고를 맡은 관리인 내시가 예배하러 예루살렘에 왔다가 [28]돌아가는데 수레를 타고 선지자 이사야의 글을 읽더라 [29]성령이 빌립더러 이르시되 이 수레로 가까이 나아가라 하시거늘 (행 8:26~29)

빌립의 이야기는 사도행전에서 중요한 의미가 있습니다. 먼저, 당시에 에티오피아(에디오피아)는 먼 곳이었습니다. 지금 우리에게 익숙한 지도에서는 에티오피아와 예루살렘이 그리 멀지 않아 보이겠지만, 당시에는 마치 지구 반대편에 있는 듯 멀고먼 거리였습니다. 따라서 사도행전의 원래 독자에게는 하나님을 찾으러 예루살렘까지 찾아온 에티오피아 사람의 이야기는 충격적이었습니다. 이 사건은 복음이 전 세계를 향한다는 사실을 암시합니다. 더불어 복음에 대한 갈증이 모든 사람에게서 발견되는 보편적인 것임을 보여 줍니다. 유대인에게만이 아니라 열방의 사람들에게도 복음을 주셨습니다.

하나님은 바로 이런 만남을 위해서 빌립을 보내셨습니다. 천사의 명령을 들은 빌립은 즉시 순종했습니다. 불과 몇 구절 앞을 보면, 그는 사마리아 성에서 성공적인 사역을 하고 있었습니다(행 8:4~8). 오직 하나님의 음성만 믿고 긴 여행을 떠나라는 명령을 듣는다면, 마음속에서 갈등이 일어날 법도 합니다. 성공적인 사역을 두고 떠나기란 어려운 일이고, 말씀대로 행하는 것도 대단한 믿음을 요구합니다.

빌립은 즉시 순종했습니다. 빌립처럼 일이 잘되어 갈 때, 하나님이 그 자리를 떠나라고 하신다면, 어떻게 해야 할까요?

하나님이 낯선 곳으로 떠나게 하신 적이 있나요?

이게 무슨 뜻이냐면 말이죠

빌립은 수레에 접근했고, 에티오피아 사람의 성경 읽는 소리를 들었습니다. 그가 무엇을 들었고, 어떻게 반응했는지 들어보십시오.

30빌립이 달려가서 선지자 이사야의 글 읽는 것을 듣고 말하되 읽는 것을 깨닫느냐 31대답하되 지도해 주는 사람이 없으니 어찌 깨달을 수 있느냐 하고 빌립을 청하여 수레에 올라 같이 앉으라 하니라 32읽는 성경 구절은 이것이니 일렀으되 그가 도살자에게로 가는 양과 같이 끌려갔고 털 깎는 자 앞에 있는 어린 양이 조용함과 같이 그의 입을 열지 아니하였도다 33그가 굴욕을 당했을 때 공정한 재판도 받지 못하였으니 누가 그의 세대를 말하리요 그의 생명이 땅에서 빼앗김이로다 하였거늘 34그 내시가 빌립에게 말하되 청컨대 내가 묻노니 선지자가 이 말한 것이 누구를 가리킴이냐 자기를 가리킴이냐 타인을 가리킴이냐 35빌립이 입을 열어 이 글에서 시작하여 예수를 가르쳐 복음을 전하니 (행 8:30~35)

여기에는 이 만남을 위해 하나님이 어떻게 두 사람을 준비시키셨는지 볼 수 있는 증거가 분명히 드러나 있습니다. 즉시 에티오피아 사람은 빌립을 향해 마음이 열렸고, 성경을 설명할 수 있도록 수레에 올라 앉아 달라고 초대했습니다. 게다가 마침 에티오피아 사람은 예수님의 희생적인 죽음에 관해 공공연하게 밝히는 이사야서를 읽고 있었습니다. 빌립은 예수님을 온전히 전할 수 있도록 만반의 준비가 되어 있는 대화를 그와 할 수 있었습니다.

빌립은 성경학자나 율법 선생 자격은 없었습니다. 지극히 평범한 사람이었습니다. 그러나 성령 충만했고 신앙생활에 충실했던 그는 자신이 경험했던 일들 덕분에 확실하고 명료하게 대답해 줄 수 있었습니다. 그들은 이사야서의 한 구절을 읽었으며, 에티오피아 사람은 빌립에게 그것을 설명해 달라고 부탁했습니다. 이로써 빌립은 이 사람에게 복음을 전하기 시작할 수 있었습니다.

성경의 전체 이야기는 처음부터 끝까지 예수님을 가리킵니다. 이스라엘에 관한 이야기와 구약 전체는 예수님을 기대합니다. 이는 이스라엘이 왕을 고대했다는 사실에서도 볼 수 있습니다. 비록 이스라엘의 어떤 왕도 그들이 원했던 영광에 이르지는 못했지만 말입니다. 구약이 예수님을 가리킨다는 사실은 아무도 순종할 수 없는 율법의 완벽한 요구에서도 발견할 수 있습니다.

또한 파멸한 세상에서 사람들이 '여호와여 어느 때까지니이까'를 연발했던 비통함에 젖은 시편과 선지서에서도 발견할 수 있습니다. 예수님은 구약이 갈망하고 가리키는 모든 것을 구현하십니다. 에덴동산에서의 추방, 약속의 땅을 향한 갈망, 바벨론에 의한 추방 등 구약의 광범위한 줄거리도 예수님이야말로 사탄과 죄와 죽음을 이기시고, 우리를 하나님께 돌아오게 이끄시는 정복 왕임을 가리킵니다.

성경 교육이 신실한지를 알려면, 간단한 질문을 던져 보면 됩니다. "이야기의 주인공은 누구인가?" 만일 예수님 외에 다른 누구라고 대답한다면, 요점을 놓친 것입니다. 성경을 두고 나누는 대화는 종종 성경적 윤리나 사실로 엉키곤 합니다. 이런저런 면에서 '옳기'를 바라는 바람 때문에 성경의 진짜 요점과 목적을 파악하지 못하는 것입니다.

예수님은 이런 문제로 바리새인들을 책망하셨습니다. 그들은 성경을 매우 사랑했습니다. 하지만 병자를 고치고 죽은 자를 살리시며, 도래할 하나님 나라에 대한 소망을 주면서 메시아가 나타나셨음에도 그들은 알아보지 못했습니다. 그들의 연구와 이해는 그만큼 융통성이 없었습니다. "너희 속에 거하지 아니하니 이는 그가 보내신 이를 믿지 아니함이라 너희가 성경에서 영생을 얻는 줄 생각하고 성경을 연구하거니와 이 성경이 곧 내게 대하여 증언하는 것이니라"(요 5:38~39).

그들이 주님을 믿지 않기 '때문에' 그들 속에 말씀이 거하지 않는다는 예수님의 말씀에 주목해 보세요. 우리가 성경 말씀을 이해하는 열쇠는 바로 예수님이십니다. 우리가 예수님을 신뢰할 때 주님의 말씀과 영이 우리 안에 거하고, 우리는 성경이 그분에 관해 증언하는 것을 볼 수 있습니다. 이 믿음이 없으면 연관성을 찾는 과정에서 어려움을 겪을 것입니다.

성경 교사로서 빌립의 가장 중요한 자격은 믿음이었습니다. 빌립이 성령님의 인도를 따라 어디든지 기꺼이 갈 수 있었던 것은 그의 믿음 때문이었습니다. 그 믿음이 그로 하여금 하나님의 말씀을 듣고 그 안에서 예수님을 볼 수 있게 했습니다.

우리가 비록 성경학자는 아닐지라도 빌립처럼 다른 사람에게 복음과 예수님을 전할 수 있나요?

세례받고 싶다고요? 환영합니다

에티오피아 관리는 빌립이 전한 이야기에 감동을 받았고 그의 말에 따르기를 간절히 원했습니다.

³⁶길 가다가 물 있는 곳에 이르러 그 내시가 말하되 보라 물이 있으니 내가 세례를 받음에 무슨 거리낌이 있느냐 ³⁷(없음) ³⁸이에 명하여 수레를 멈추고 빌립과 내시가 둘 다 물에 내려가 빌립이 세례를 베풀고 ³⁹둘이 물에서 올라올새 주의 영이 빌립을 이끌어 간지라 내시는 기쁘게 길을 가므로 그를 다시 보지 못하니라 ⁴⁰빌립은 아소도에 나타나 여러 성을 지나다니며 복음을 전하고 가이사랴에 이르니라(행 8:36~40)

여기서 참된 회심의 모든 요소를 볼 수 있습니다. 에티오피아 사람은 믿음을 강요받지 않고, 회심하도록 압박을 받지 않았습니다. 그럼에도 불구하고 간절히 복음을 믿고 싶어 했습니다. 빌립은 에티오피아 사람에게 그가 읽고 있던 성경 말씀이 예수님을 가리키며, 예수님의 죽음과 부활이 우리를 하나님과 화목하게 만들었다고 설명해 주었습니다. 그 설명은 에티오피아 사람이 세례를 받고 예수님과 연합되기를 갈망하기에 충분했던 것으로 보입니다.

에티오피아 사람은 "내가 세례를 받음에 무슨 거리낌이 있느냐"(행 8:36)라고 물었습니다. 이 질문이 중요합니다. 유대인이 아닌 에티오피아 출신의 이방인이라는 이유로 그에게 세례 베풀기를 거절한 사람도 있었을 것입니다. 그러나 성령 충만한 빌립은 그런 것에는 전혀 관심을 두지 않았습니다. 에티오피아 사람이 예수님에 관해 들은 것을 분명히 믿었으니, 빌립은 지체 없이 그에게 세례를 베풀어 주었습니다.

복음 전도와 회심은 본문에서 볼 수 있듯이 간단합니다. 믿음을 요구하지 않으면서 그저 '사실'만을 나눌 수도 있습니다. 하지만 복음 전도의 목표는 단순히 우리가 아는 정보를 나누는 것이 아닙니다. 복음 전도자의 소망은 사람들이 예수님을 주님으로 받아들이고, 그분의 삶과 죽음과 부활이 세상 죄를 없애고 우리를 하나님 아버지의 집으로 데려간다는 사실을 깨닫도록 돕는 것입니다. 빌립과 에티오피아 사람의 짧은 대화에서 이런 기적이 일어났습니다. 에티오피아 사람은 예수님을 주님으로 보게 되었고, 예수님을 좇아 세례를 받을 준비가 되었습니다.

이야기의 마무리에서, 우리는 두 사람이 만났을 때보다 훨씬 더 갑작스럽게 헤어지는 것을 볼 수 있습니다. 성경에는 눈에 보이지 않는 어떤 것이 빌립을 데려갔다고 암시되어 있습니다. 성령님이 그를 데려다가 아소도에 내려놓으신 것 같습니다. 그리스도인이 되었다는 사실에 기뻐하며 성령 충만해진 에티오피아 사람은 집으로 돌아갔습니다. 성령님이 그와 함께 계속 역사하셔서 예수님의 이야기가 아프리카에 퍼져 나가 뿌리를 내리게 되었음이 분명합니다.

알짬 교리**99**

교회의 사명

교회는 십자가에서 죽으시고 부활하셨다가 승천하신 예수님에 대한 복음을 믿음으로써 연합된 백성을 말하며, 하나님 나라의 표시이자 도구입니다. 교회의 사명은 성령님의 권능으로 세상에 나아가 복음을 선포하고, 사람들을 제자로 삼는 것입니다. 이를 위해 교회는 사람들을 불러 회개와 믿음으로 응답하게 하고, 하나님의 영광과 세상의 유익을 위하여 그리스도의 주권 아래 살면서 복음의 진리와 능력을 나타내야 합니다.

그리스도와의 연결

지극히 일상적인 일처럼 보여도 사실은 하나님의 계획 때문에 일어난 일일 수 있습니다. 세상에서는 '우연'이라고 하는 만남일지라도 일생일대의 사건이 될 수 있습니다. 우연의 일치란 존재하지 않습니다. 혹시 중요한 순간을 놓치지 않았는지 염려하기 전에 우리 혼자서 그 시간을 지나지 않았음을 기억하도록 합시다. 성령님이 우리와 동행하시고, 우리를 인도하시며, 전도할 기회를 주십니다. 성령님은 우리가 이 일을 감당할 수 있도록 담대한 마음과 때에 맞는 말씀을 주시며, 사람들이 예수 그리스도의 좋은 소식을 들을 수 있도록 우리보다 앞서 행하셔서 마음을 부드럽게 하시고 그들의 귀를 열어 주십니다. 그러므로 우리가 세상에 사는 동안 예수님의 제자들을 만들어야 합니다.

YOUR STORY

하나님이 들려주시는 이야기는 오늘을 사는 나와 늘 연결되어 있습니다. 아래 질문에 답하면서 성경 이야기가 내 이야기와 어떻게 연결되는지 생각해 봅시다.

▶ **하나님이 다른 사람에게 나아가 전도할 수 있도록 놀라운 방식으로 인도하신 일을 경험하거나 들은 적이 있나요?**
이 질문에 관한 대답은 다양할 것입니다.

▶ **성경의 모든 구절에서 예수님에 관한 좋은 소식을 전해 주고 있음을 설명할 수 있나요? 그렇거나 그렇지 않은 이유는 무엇인가요?**
모든 성경이 예수님을 가리키기 때문에, 성경 어디서나 복음을 분명히 나눌 수 있습니다 (눅 24:27).

▶ **예수님을 믿지 않는 사람에게 성경을 설명하는 일에 두려움을 가지게 되는 이유는 무엇인가요?**
복음을 바르게 설명할 수 없을 것이라는 무기력한 생각, 사람들의 이의 제기에 답할 수 없을지도 모른다는 두려움, 개인적으로 복음을 나눌 자격이 없다는 느낌 등이 있습니다.

▶ **어떻게 하면 성경에 기록된 그리스도를 나누는 데 필요한 능력과 확신을 향상시킬 수 있을까요?**
이 분야에서 성장할 수 있는 간단한 방법은 부담 없이 나누는 것입니다. 사람들과의 일상적인 대화가 자연스럽게 복음으로 향하도록 개인적인 목표를 세우세요.

하나님의 이야기
하나님이 그분의 아들 예수 그리스도를 통해 우리를 구속해 주신 이야기

우리의 이야기
우리의 이야기가 하나님의 이야기와 만나는 곳

YOUR MISSION

생 각

빌립은 영적으로 의미심장한 이 순간에 집착하기 쉬웠을 것입니다. 마치 베드로와 야고보와 요한에게 예수님이 영광스럽게 변화된 자신의 모습을 보여 주셨을 때처럼 말입니다(마 17장). 베드로는 그 상태에 계속 머물기를 원했기 때문에 예수님과 모세와 엘리야를 위해 초막을 짓겠다고 했습니다. 그러나 말을 마치기가 무섭게 예수님은 원래 모습으로 돌아오셨으며, 모세와 엘리야는 떠났습니다. 이것은 장래에 주님의 은혜를 충만히 누리는 기쁨이 어떠한지를 미리 보여 주신 사건입니다. 우리는 영적인 기쁨을 누리는 자리에서 이것을 작게나마 경험하기도 합니다. 우리는 기쁨을 느낀 시간이 계속되기를 바라며, 하나님이 하신 일을 생각하면서 머물기를 원합니다. 흔히 수련회가 끝날 무렵이나 은혜로운 예배를 경험할 때에 이런 생각이 들곤 합니다.

- **하나님은 왜 지금 이 순간에 머물러 있기를 원하지 않으실까요?**
  이런 극적인 순간은 선물과 같고, 성장하는 데에 도움을 줍니다. 하지만 아직 할 일이 남아 있습니다. 믿음의 경주에 참여한 상급은 그리스도께서 다시 오실 미래에 있습니다. 그 날이 오기까지 모든 그리스도인은 하나님이 주신 좋은 소식을 계속해서 전해야 합니다.

- **은혜로운 영적인 순간이 우리로 하여금 신실하게 증언할 수 있게 도움을 줄까요?**
  복음을 전하는 일에 대한 절박감, 복음을 들어보지 못한 사람을 향한 열정을 줍니다.

마 음

세상에 복음을 전하고자 할 때 우리는 종종 경험해 왔던 적의와 저항에 초점을 맞추기 쉽습니다. 그러나 복음을 대하는 세상의 반응이 항상 그런 것만은 아닙니다. 에티오피아에서 온 여행자의 이야기는 하나님이 많은 사람을 부르기 위해서 그들 마음속에서 일하고 계시며, 그들이 이에 반응한다는 사실을 상기시켜 줍니다. 에티오피아 사람은 하나님을 찾으려면 예루살렘으로 가야 한다는 것을 알고 있었습니다. 대개 사람들은 소망이나 영성 같은 것이 발견되는 곳이라면 어디라도 찾아 나설 것입니다.

- **사람들이 엉뚱한 곳에서 하나님을 찾는 모습을 본 적이 있나요?**
  이 질문에 관한 대답은 다양할 것입니다.

- **위험을 무릅쓰고 성령님의 인도에 기꺼이 순종하려면 어떻게 해야 할까요?**
  세상보다 그리스도를 값지게 여기는 충실한 성도의 이야기를 듣는 방법 등이 있습니다.

행 동

빌립은 이방인에게 하나님 나라를 확장해 가는 사역을 계속 이어 나갔습니다. 그가 홀연히 나타난 아소도는 그곳에서 30킬로미터 떨어진 곳이었습니다. 자원하고 복종하는 마음을 가진 빌립이 사마리아에서의 성공적인 사역을 뒤로한 채, 복음을 들어야 할 사람을 찾으라는 하나님의 부르심에 순종했기에 하나님 나라의 확장이 일어날 수 있었습니다.

> 다음 모임까지
> **마태복음 11~13장;**
> **마가복음 5:1~6:1을**
> 읽어 보세요.

- **어떻게 하면 앞으로 성령에 힘입은 복음 전도자의 사역을 감당할 수 있을까요?**
  이 질문에 관한 대답은 다양할 것입니다.

- **이런 놀라운 일이 삶의 어떤 영역에서 일어날 수 있을까요?**
  이 질문에 관한 대답은 다양할 것입니다.

06

안 되는 사람 없이 모두가 하나님께로

요 약

복음은 세상 사람들을 구분하는 경계선을 허뭅니다. 신약의 저자들은 복음을 중심으로 연합하지 않고 경계선을 허물지도 않았던 교회에 맞섰습니다. 베드로 역시 이 문제를 놓고 씨름했고, 교회를 형제의 연합으로 부르는 것의 중요성을 배우게 되었습니다. 성령님이 한 이방인의 마음을 준비시키신 후 베드로의 마음도 준비해 주심으로써 베드로는 연합을 향한 여정을 시작할 수 있었습니다. 하나님은 사람을 외모로 취하지 않으시는 분입니다. 구원은 모든 민족, 모든 언어, 모든 나라의 사람에게 주어집니다.

성 경

사도행전 10장 1~16, 34~48절

HIS STORY

포 인 트	하나님은 사람을 외모로 취하지 않으시고 모든 민족에게 구원의 손길을 내미신다.

등 장 인 물

성령님(삼위일체의 제3위격)

고넬료(가이사랴에 주둔한 로마 군대의 백부장, 베드로가 그와 그의 가족에게 복음을 전함)

메시지 좌표

앞서 빌립과 에티오피아 사람의 이야기에서 살펴보았듯이, 하나님은 유대인뿐 아니라 잃어버린 모든 사람을 구원하기 위해 계속해서 찾고 계십니다. 사도행전을 공부하며 우리는 주님을 알고 따르고자 하는 온갖 배경의 모든 민족을 부르시는 하나님의 모습을 통해 그 은혜를 계속 상기하게 됩니다.

도입 5~10분

성경에는 하나님의 백성에 관한 생생한 비유가 가득합니다. 하나님의 영이 거하시는 성전, 심기고 자라는 포도나무, 예수님이 목자이신 양 떼, 그리스도의 신부 등입니다. 각각의 이미지는 개인적인 정체성뿐 아니라 몸값이 지불되었고, 구원을 받았으며, 구속받은 하나님 백성의 공동체적인 정체성에 관한 통찰력도 제공합니다.

▶ 성경이 하나님의 백성에 관해 말할 때 사용하는 비유에는 무엇이 있을까요? 그 가운데 어떤 비유가 교회를 이해하는 데 도움을 줄까요?

이런 이미지와 비유는 성도가 자신을 더 잘 이해하도록 도울 뿐만 아니라 서로를 대하는 방법 또한 가르쳐 줍니다. 예를 들면 이런 이미지들은 하나님이 창조하신 피조물로서 우리에게 개인적이고 독특한 차이점이 있을지라도, 우리가 그리스도와 연합되어 있기 때문에 여전히 하나라는 사실을 보여 줍니다.

복음은 우리를 연합시킵니다. 그리고 연합하는 데에 어려움을 주는 장애물들을 극복하게 해 줍니다. 하나님은 사람들을 치우침 없이 사랑하시며, 은혜의 식탁에 초대하시며, 가족으로 맞아들이십니다.

하나님이 고넬료에게도 나타나셨다니

성령님은 이방인에게 복음을 전하기 시작하셨고, 새롭게 세워진 교회가 하나님의 계획을 이해하도록 도와주셨습니다. 성령님은 이러한 사역의 새로운 단계를 고넬료라는 사람과 함께 시작하셨습니다. 본문을 살펴보겠습니다.

[1]가이사랴에 고넬료라 하는 사람이 있으니 이달리야 부대라 하는 군대의 백부장이라 [2]그가 경건하여 온 집안과 더불어 하나님을 경외하며 백성을 많이 구제하고 하나님께 항상 기도하더니 [3]하루는 제 구 시쯤 되어 환상 중에 밝히 보매 하나님의 사자가 들어와 이르되 고넬료야 하니 [4]고넬료가 주목하여 보고 두려워 이르되 주여 무슨 일이니이까 천사가 이르되 네 기도와 구제가 하나님 앞에 상달되어 기억하신 바가 되었으니 [5]네가 지금 사람들을 욥바에 보내어 베드로라 하는 시몬을 청하라 [6]그는 무두장이 시몬의 집에 유숙하니 그

도입 선택

학생들을 두 명씩 한 조가 되도록 합니다. 그리고 짝과 함께 다음 질문을 놓고 서로 묻고 답하게 해 주세요.

- 가장 좋아하는 색은 무엇인가요?
- 가장 좋아하는 영화의 제목은 무엇인가요?
- 가장 좋아하는 가수나, 가장 좋아하는 배우는 누구인가요?
- 자유로운 시간에 하는 가장 좋아하는 활동은 무엇인가요?
- 운동, 미술, 음악 가운데 가장 좋아하는 것은 무엇인가요?
- 형제자매가 몇 명인가요?
- 가족 간의 분위기는 어떤가요?

15분 정도 시간을 주어 서로의 공통점이나 차이점을 한 가지씩 확인하게 하십시오. 하나님은 모든 사람을 다르게 창조하셨습니다. 우리는 다른 점 때문에 상대방을 과소평가해서는 안 됩니다. 그 다른 점을 통해 세상에서의 영향력을, 복음을 전하는 방법을 극대화해야 합니다. 하나님이 모든 사람을 사랑하시니 우리도 사랑해야 합니다. 하나님이 사람들을 치우침 없이 대하시니 우리도 그래야 합니다.

집은 해변에 있다 하더라 [7]마침 말하던 천사가 떠나매 고넬료가 집안 하인 둘과 부하 가운데 경건한 사람 하나를 불러 [8]이 일을 다 이르고 욥바로 보내니라(행 10:1~8)

고넬료는 하나님을 오랫동안 찾았던 사람으로 보입니다. 그는 유대에 사는 로마인으로서, 가이사랴에 주둔하던 로마 군인을 관할했습니다. 그는 일반 보병이 아니라 대대장처럼 정치 및 군사적인 힘을 가진 사람이었습니다.

하나님은 고넬료에게 영적인 굶주림을 주셨습니다. 천사를 보내 말하게 하실 때, 그의 노고가 "상달되어 기억하신 바"되었다고 하시며 그의 선한 마음과 선행을 칭찬하셨습니다. 고넬료가 하나님께 드린 것은 합당한 제사였습니다. 하나님이 고넬료를 깊은 교제 가운데로 어떻게 이끄셨는지에 주목해 봅시다. 하나님은 고넬료에게 환상 속에서 예수님을 보게 하지 않으시고, 예수님의 제자 가운데 한 명인 베드로를 만나게 하셨습니다. 하나님을 경외한 고넬료는 하인들을 불러 천사가 알려 준 대로 욥바에 있는 베드로를 찾아오게 했습니다.

고넬료 이야기에서 놀라운 점 중의 하나는, 그가 그토록 경건하고 바른 마음가짐을 가졌음에도 불구하고 하나님을 찾는 데에는 선한 의도 이상이 필요했다는 점입니다. 그는 성령 충만하여 세상에 예수님을 전하는 신실한 성도들의 모임인 교회가 필요했습니다.

성숙한 성도가 여러분이 성경을 더 잘 이해하도록 또는 하나님을 깊이 알아 가도록 도와준 적이 있나요?

> 복음의 능력에 관해서는 절대로 상심하지 마십시오. 복음에 합당하지 않은 사람, 더 나아가서 복음에 합당하지 않은 민족이 있다는 말을 절대 믿지 마십시오.
>
> 찰스 스펄전 Charles Spurgeon

저는 결코 그걸 먹을 수 없어요

그 와중에 사도 베드로는 하나님과 그분의 형상을 지닌 자들에 대한 이해에 도전하는 환상을 보았습니다.

⁹이튿날 그들이 길을 가다가 그 성에 가까이 갔을 그때에 베드로가 기도하려고 지붕에 올라가니 그 시각은 제 육 시더라 ¹⁰그가 시장하여 먹고자 하매 사람들이 준비할 때에 황홀한 중에 ¹¹하늘이 열리며 한 그릇이 내려오는 것을 보니 큰 보자기 같고 네 귀를 매어 땅에 드리웠더라 ¹²그 안에는 땅에 있는 각종 네 발 가진 짐승과 기는 것과 공중에 나는 것들이 있더라 ¹³또 소리가 있으되 베드로야 일어나 잡아먹어라 하거늘 ¹⁴베드로가 이르되 주여 그럴 수 없나이다 속되고 깨끗하지 아니한 것을 내가 결코 먹지 아니하였나이다 한 대 ¹⁵또 두 번째 소리가 있으되 하나님께서 깨끗하게 하신 것을 네가 속되다 하지 말라 하더라 ¹⁶이런 일이 세 번 있은 후 그 그릇이 곧 하늘로 올려져 가니라 (행 10:9~16)

하나님이 주신 환상에서 베드로는 무엇인가 하늘에서 내려와 '네 귀를 매어' 땅에 드리워지는 광경을 봅니다(행 10:11). 이것은 어떤 중대한 일이 벌어지고 있음을 나타냅니다. 네 귀를 가진 보자기는 땅의 네 모퉁이를 떠올리게 합니다(사 11:12; 계 7:1). 즉 하나님이 베드로에게 보여 주신 계시는 전 세계적인 사건임을 암시합니다.

베드로는 네 귀퉁이가 매여 하늘에서 내려온 큰 보자기 안에 세상의 모든 짐승과 새가 있는 것을 보았습니다. 유대교 전통과 문화를 따라 살아온 베드로는 이 광경을 보고 충격을 받았습니다. 그런데 거기서 그치지 않고 "잡아먹어라" 하고 명령까지 하시니 경악을 금치 못했을 것입니다. 음식물 규정은 유대 국가와 문화적인 정체성에 필수적인 요소였습니다. 하나님은 이스라엘이 주변 나라와 문화적으로 구별되도록 이 규정을 주셨고, 이것을 어기는 것은 하나님과 가족과 국가에 대한 모욕으로 간주되었습니다.

베드로는 하나님의 음성을 듣고도 "그럴 수 없나이다" 하고 단호하게 대답했습니다. 어쩌면 그는 자신이 시험받고 있다고 생각했는지도 모릅니다. "너무나도 허기져서 자신이 태어났을 때부터 지켜온 음식 규정을 어길 것인가?" 그러나 "하나님께서 깨끗하게 하신 것을 네가 속되다 하지 말라"라는 음성이 들려왔습니다.

베드로의 환상은 교회 생활의 전환점을 표시했습니다. 누가는 하나님이 섭리하시는 모습을 보여 주는 방식으로 이 이야기를 들려주었습니다. 베드로의 마음이 새로운 가능성에 열리기 시작했던 것처럼 고넬료의 마음도 하나님께 이끌리고 있었습니다. 이스라엘의 음식 규정을 무시하고, 그것들을 잡아먹으라는 명령은 이스라엘이 모세의 율법으로 세상과 구별되던 시대가 끝났음을 의미합니다. 이제 그들을 세상으로부터 구별해 줄 것은 그들의 문화나 종교적인 전통이 아니라 예수님을 향한 믿음입니다. 곧 베드로는 자신이 믿지 않는 유대인 형제자매보다 예수님을 믿는 이방인 백부장과 공통점이 더 많다는 사실을 발견하게 될 것입니다.

믿는 자가 되도록 모든 사람을 부르시는 하나님

베드로가 환상의 의미를 묵상하고 있을 때, 고넬료가 보낸 세 사람이 무두장이 시몬의 집에 도착했습니다. 그들은 베드로에게 천사의 방문에 관해 말하면서 고넬료를 만나러 가이사랴에 올 것을 청했고, 다음날 그들은 가이사랴로 길을 떠났습니다. 베드로가 그들과 함께 갔다는 것은 의미심장합니다. 그는 나중에 고넬료에게 이렇게 설명했습니다. "유대인으로서 이방인과 교제하며 가까이하는 것이 위법인 줄은 너희도 알거니와"(행 10:28). 베드로는 이방인들이 더 이상 부정하지 않고, 복음의 좋은 소식에서 제외되어서는 안 된다고 말씀하신 하나님의 환상을 이해했기에 함께 갔던 것입니다.

그들이 도착하자 고넬료는 하나님이 말씀하신 사람에게 경배하는 것이 마땅하다고 생각해서 베드로의 발 앞에 엎드려 경배하려고 했습니다. 그러나 베드로는 고넬료를 일으켜 세운 후 자신도 인간일 뿐이고, 경배를 받기에 합당하지 않다고 설명했습니다. 그러자 고넬료는 베드로에게 자신이 본 환상에 대해서 말해 주었고, 베드로가 대답합니다.

³⁴베드로가 입을 열어 말하되 내가 참으로 하나님은 사람의 외모를 보지 아니하시고 ³⁵각 나라 중 하나님을 경외하며 의를 행하는 사람은 다 받으시는 줄 깨달았도다 ³⁶만유의 주 되신 예수 그리스도로 말미암아 화평의 복음을 전하사 이스라엘 자손들에게 보내신 말

씀 [37]곧 요한이 그 세례를 반포한 후에 갈릴리에서 시작하여 온 유대에 두루 전파된 그것을 너희도 알거니와 [38]하나님이 나사렛 예수에게 성령과 능력을 기름 붓듯 하셨으매 그가 두루 다니시며 선한 일을 행하시고 마귀에게 눌린 모든 사람을 고치셨으니 이는 하나님이 함께하셨음이라 [39]우리는 유대인의 땅과 예루살렘에서 그가 행하신 모든 일에 증인이라 그를 그들이 나무에 달아 죽였으나 [40]하나님이 사흘 만에 다시 살리사 나타내시되 [41]모든 백성에게 하신 것이 아니요 오직 미리 택하신 증인 곧 죽은 자 가운데서 부활하신 후 그를 모시고 음식을 먹은 우리에게 하신 것이라 [42]우리에게 명하사 백성에게 전도하되 하나님이 살아 있는 자와 죽은 자의 재판장으로 정하신 자가 곧 이 사람인 것을 증언하게 하셨고 [43]그에 대하여 모든 선지자도 증언하되 그를 믿는 사람들이 다 그의 이름을 힘입어 죄 사함을 받는다 하였느니라 [44]베드로가 이 말을 할 때에 성령이 말씀 듣는 모든 사람에게 내려오시니 [45]베드로와 함께 온 할례 받은 신자들이 이방인들에게도 성령 부어 주심으로 말미암아 놀라니 [46]이는 방언을 말하며 하나님 높임을 들음이러라 [47]이에 베드로가 이르되 이 사람들이 우리와 같이 성령을 받았으니 누가 능히 물로 세례 베풂을 금하리요 하고 [48]명하여 예수 그리스도의 이름으로 세례를 베풀라 하니라 그들이 베드로에게 며칠 더 머물기를 청하니라(행 10:34~48)

베드로는 예수님의 삶과 사역, 죽음과 부활 이야기를 아우르는 복음 메시지를 설교했습니다. 그때 듣고 있던 모든 사람 위에 성령님이 임하셨습니다. 고넬료의 온 가족은 더 이상 하나님을 두려워하지 않고 예수님을 믿게 되었습니다. 성령님이 그들 위에 임하시자, 그들은 열광적으로 반응했습니다. 지난 5과에서 빌립이 에티오피아 사람에게 그랬던 것처럼, 베드로는 성령 충만한 이방인 공동체에 세례를 베풀어 주었습니다.

사실 고넬료는 부와 권력과 영향력을 가진 사람이었습니다. 그는 유대에 사는 로마인으로서 주변 유대인, 그들의 종교적인 믿음을 무시할 만한 충분한 이유가 있었습니다. 이와 마찬가지로 베드로 역시 그 여정을 거부할 만한 이유가, 이 유력한 로마인이 예수님에 관한 이야기에 전혀 관심을 가지지 않을 것이라고 가정할 만한 이유가 충분히 있었습니다. 그러나 고넬료는 하나님을 만나기를 갈망했고, 하나님이 그에게 보내신 사람의 말을 기꺼이 듣고자 하는 태도를 보여 주었습니다. 베드로도 그리스도의 몸에 이방인도 속한다는 메시지를 받고 그것의 참 의미를 이해하게 되었습니다. 하나님이 하신 일에 두 사람 모두 놀랐습니다.

베드로가 고넬료 및 그 주위에 모인 모든 사람에게 전한 메시지는 교회 안에 이방인들을 포함시키시려는 하나님의 뜻을 반영합니다. 하나님은 줄곧 인류가 회복되기를 바라셨고, 이것은 이제 예수님 안에서 가능해졌습니다. 예수님은 비록 이스라엘을 통해서 오시기는 하셨지만, '전 세계'를 위해서 오셨던 것입니다. 중요한 것은 종교나 민족적인 혈통이 아니라 하나님이 보내신 자를 믿는 것입니다.

알짬 교리 99

하나님의 계획과 인간의 행동

우리 삶 전체를 향한 하나님의 주권은 인간의 자유로운 행동까지 포함합니다. "사람의 마음에는 많은 계획이 있어도 오직 여호와의 뜻만이 완전히 서리라"(잠 19:21). 주님의 계획은 우리가 이해하지 못하는 방식으로 펼쳐지며, 이 계획은 인간의 선택에도 영향을 미칩니다. 인간의 사악한 결정에 따라 예수님이 십자가형에 처해지셨지만, 하나님은 그것을 미리 아시고 계획에 넣으셨던 것처럼, 인간이 자유롭게 선택한 악한 행위조차도 모든 것을 포괄하는 하나님의 계획에 이미 계산되어 있습니다(행 2:23). 하나님을 사랑하는 사람에게는 모든 것이 합력하여 선을 이루도록 하나님이 일하고 계심을 알기에(롬 8:28), 우리는 현재 상황이 이해되지 않을 때에라도 계획하신 대로 이루시겠다는 주님의 약속을 신뢰해야 합니다.

그리스도와의 연결

하나님은 '정결'하고 '부정'한 사람들에 대한 베드로의 관점을 무너뜨리기 위해 '정결'하고 '부정'한 음식에 관한 베드로의 관점에 도전하십니다. 베드로는 환상을 통해 하나님이 치우침이 없으시며, 자신의 백성을 통해서 예수님의 죽음과 부활의 메시지를 모든 사람에게 선포하시고, 그들의 삶에서 하나님의 역사를 찬송하게 하시며, 민족적인 혈통과 상관없이 모든 믿는 사람을 하나님의 가족으로 환영하도록 명하신다는 사실을 배웠습니다.

YOUR STORY

하나님이 들려주시는 이야기는 오늘을 사는 나와 늘 연결되어 있습니다. 아래 질문에 답하면서 성경 이야기가 내 이야기와 어떻게 연결되는지 생각해 봅시다.

▶ **하나님이 그리스도인에게 복음을 전하게 하시는 이유는 무엇일까요?**
그리스도인은 복음을 전할 때 성장합니다. 어떤 의미에서 복음을 전하는 것은 부분적으로 자신의 유익을 위한 일입니다.

▶ **하나님이 행하시는 일을 보며 놀라거나, 당연하게 여기던 것을 다르게 받아들여야 했던 적이 있나요?**
이 질문에 관한 대답은 다양할 것입니다.

▶ **하나님의 은혜가 누군가에게 다가가 예수님을 믿게끔 이끄시는 것을 보고 놀란 적이 있습니까?**
이 질문에 관한 대답은 다양할 것입니다.

▶ **이 이야기를 읽고, 개인적으로 복음을 전하려고 노력하는 것에 어떤 도전을 받았나요?**
이 질문에 관한 대답은 다양할 것입니다.

하나님의 이야기
하나님이 그분의 아들 예수 그리스도를 통해 우리를 구속해 주신 이야기

우리의 이야기
우리의 이야기가 하나님의 이야기와 만나는 곳

YOUR MISSION

 **생 각**

하나님을 찾아다니면서도 정작 예수님을 모르는 사람을 흔히 만날 수 있습니다. 우리는 세속주의와 더불어 수많은 종교가 넘치는 시대를 살아갑니다. 그런데 다양한 종교에 관심을 가진 사람들 가운데에서, 우리는 진실로 하나님을 찾는 사람을 발견할 수도 있습니다. 진리를 추구하는 사람이나, 영적 빈곤을 깨닫고 신을 만나기 위해 이곳저곳을 기웃거리는 사람도 만날 수 있습니다. 그러나 하나님이 그들을 이끄시지 않으면 그들은 자신이 찾는 바를 결코 발견하지 못할 것입니다. 그뿐 아니라 교회가 아닌 다른 것으로는 하나님을 만날 수 없을 것입니다.

- **주위에 비그리스도인이 있나요? 그들은 어떤 방식으로 하나님을 찾고 있나요?**
  이 질문에 관한 대답은 다양할 것입니다.

- **어떻게 하면, 잘못된 방식으로 하나님을 찾는 사람들을 예수님께 인도할 수 있을까요?**
  사람들을 예수님께로 인도할 방법은, 그들이 하나님을 알고자 하는 동기가 하나님에게서 왔음을 알려 주는 것입니다. 그들을 찾으시는 분은 하나님이시고, 이것은 그들이 하나님의 조건에 따라 주님께 나아오는 것이 중요하다는 것을 의미합니다.

 **마 음**

베드로와 고넬료의 이야기를 잘 아는데도 사람이라도, 바로 자신이 특정한 부류의 사람에게 편견이 있는 당사자임을 자각하지 못할 수 있습니다. 따라서 인종, 문화, 재력, 이념이 다른 사람을 대하는 자신의 태도를 양심적으로 살펴볼 필요가 있습니다. 자신도 모르게 그리스도의 몸의 연합을 가로막지 않도록 주의해야 합니다. 마냥 쉽지는 않겠지만, 이로써 차별과 편견이 없는 교회를 만들어 갈 수 있습니다.

- **부정적인 태도로 타인을 대하지 않도록 마음을 지키는 방법에는 어떤 것이 있을까요?**
  한 가지 방법은 하나님이 은혜로 우리를 구원하시기 전의 우리 상태를 기억하는 것입니다.

- **편견을 가지고 다른 사람을 대하고 있음을 깨달았다면 어떡하면 좋을까요?**
  이 질문에 관한 대답은 다양할 것입니다.

 **행 동**

이 이야기를 적용할 방법을 생각해 볼 필요가 있습니다. 교회사 내내 그리스도인은 문화적, 정치적, 인종적, 사회적인 이유로 특정 무리가 그리스도인이 되기에 부족하다는 낙인을 찍으려는 유혹과 씨름해야 했습니다. '저 사람'은 절대로 구원받지 못할 것이라거나, '저 무리'는 복음에 적대적이라고 여기곤 했습니다. 또는 온갖 이유를 대면서 특정 사람들에 대해 복음을 듣고 싶어 하지 않는다거나, 너무 악하다거나, 결코 변하지 않을 것이라고 몰아붙였습니다. 이러한 생각은 잘못된 것입니다. 이미 복음의 은혜를 받고 놀란 적이 있는 우리는 앞으로 전혀 예상하지 못했던 사람이 복음을 받아들이는 것을 보고 다시금 놀라게 될지도 모릅니다.

- **복음을 절대 받아들이지 않을 것 같은 사람이 있나요? 그들이 복음을 받아들이지 않는 이유가 무엇이라고 생각하나요?**
  이 질문에 관한 대답은 다양할 것입니다.

- **본문에서 자신의 관점을 바꿀 수 있도록 깨닫게 된 진리가 있다면 그것은 무엇인가요?**
  하나님이 사람들 안에서 일하고 계시며, 사람들의 내면에 있는 편견을 바꾸기 원하심을 알게 된다면 다른 사람을 바라보는 관점이 변할 것입니다.

다음 모임까지
누가복음 3~5장;
요한복음 1~2장을
읽어 보세요.

07

사울이
바울이 되다니

요약

7과에서는 바울로도 알려진 사울이 다메섹으로 가는 길에 하나님을 만나게 됩니다. 좀 더 정확하게 말하면, 바울이 만난 하나님은 보내시는 하나님이셨고, 그 후 이 바리새인의 삶은 이전과 완전히 달라지게 되었습니다. 바울의 이야기는 하나님이 가장 완악한 마음조차 변화시키실 수 있다는 사실과, 그분의 부름을 받아 그분의 아들과 함께 보냄을 받은 회심한 전도자의 모습이 어떠한지를 보여 줍니다.

성경

사도행전 9장 1~25절

HIS STORY

포 인 트	예수님만이 그분의 영광을 위해 마음을 새롭게 하고 삶을 변화시키실 수 있다.
등 장 인 물	예수님(하나님의 아들, 성자 하나님) 바울(히브리어 이름은 '사울'임. 지독한 박해자에서 그리스도의 제자이자 사도로 변화됨. 이방인의 사도로 유명함)
메시지 좌표	사울로도 알려진 사도 바울의 회심은 사도행전에서 가장 흥미진진한 사건에 속합니다. 하나님은 스데반이 돌에 맞아 죽을 때 그 자리에서 사람들의 옷을 봐주고 교회를 축출하고자 애쓰던 사울의 마음을 변화시키셨습니다.

도 입

5~10분

출세가 목표인 카를로스는 대학원을 졸업한 직후 대기업에 취직했습니다. 그런데 어느 날 한 친구로부터 불우 이웃을 돕는 비영리 단체를 만들고 싶다는 꿈을 듣게 되었습니다. 얼마 후, 카를로스는 직장에 사표를 냈습니다. 그는 여러 단체에서 봉사와 후원을 하면서, 중독에서 회복 중인 사람을 고용할 수 있는 의류 회사의 설립을 도왔습니다.

외국으로 여행을 간 앤지는 그 나라 사람들을 사랑하게 되었습니다. 그녀는 자신의 도시에 사는 그 나라 사람들에게 복음을 전해야 한다는 부담감을 안고 귀국했습니다. 앤지는 그 나라의 이민자들이 모여 사는 교외의 동네로 이사했고, 자신이 만날 수 있는 '미전도 종족'과 우정을 나누기 시작했습니다.

인생에서 가장 의미 있는 변화는 점점 더 하나님이 주신 목적을 성취하려고 하는 것입니다. 이 변화는 그리스도의 새로운 제자가 되는 회심에서 시작됩니다. 우리가 변화되어야 하는 이유는 그럴듯한 정체성을 주는 더 훌륭한 사람이 되거나, 더 나은 삶을 누리기 위해서가 아닙니다. 우리는 다른 사람에게 복음을 선포하고 입증하기 위해 변화되고 성장합니다. 즉 다른 사람이 자신들이 그리스도 안에서 누구에게 속하는지 발견하도록 돕고, 우리 자신도 그리스도 안에서 복음으로부터 얻은 정체성을 계속해서 상기할 수 있도록 말입니다. 우리는 보내시는 하나님께 보냄을 받은 신실한 그리스도의 제자가 됩니다.

▶ 극적으로 변화된 삶을 살아가는 사람의 이야기를 듣거나 경험한 적이 있나요?

대체 왜 나 같은 사람을?

6과에서 살펴보았듯이, 사람들은 예수님의 복음을 선포한다는 이유로 스데반을 돌로 쳐서 죽이려고 했습니다. 그들은 겉옷을 벗어서 그것을 사울이라는 열정적인 유대인 청년의 발 앞에 두고 스데반에게 돌을 던졌습니다. 예수님을 따르던 사람들은 스데반을 사랑했기에 그가 죽은 일로 인해 깊은 슬픔에 빠져 사방으로 흩어졌습니다(행 8:2, 4). 사도행전 8장에는 성도들이 복음을 들고 동서남북으로 흩어진 이야기가 담겨 있습니다. 그 도망자들이 가장 빨리 도착할 수 있는 가까운 도시 가운데 하나가 다메섹이었을 것입니다. 그래서 사울은 예루살렘에서 다메섹으로 방향을 틀어 그들을 추격했습니다.

¹사울이 주의 제자들에 대하여 여전히 위협과 살기가 등등하여 대제사장에게 가서 ²다메섹 여러 회당에 가져갈 공문을 청하니 이는 만일 그 도를 따르는 사람을 만나면 남녀를 막론하고 결박하여 예루살렘으로 잡아오려 함이라 ³사울이 길을 가다가 다메섹에 가까이 이르더니 홀연히 하늘로부터 빛이 그를 둘러 비추는지라 ⁴땅에 엎드러져 들으매 소리가 있어 이르시되 사울아 사울아 네가 어찌하여 나를 박해하느냐 하시거늘 ⁵대답하되 주여 누구시니이까 이르시되 나는 네가 박해하는 예수라 ⁶너는 일어나 시내로 들어가라 네가 행할 것을 네게 이를 자가 있느니라 하시니 ⁷같이 가던 사람들은 소리만 듣고 아무도 보지 못하여 말을 못하고 서 있더라 ⁸사울이 땅에서 일어나 눈은 떴으나 아무 것도 보지 못하고 사람의 손에 끌려 다메섹으로 들어가서 ⁹사흘 동안 보지 못하고 먹지도 마시지도 아니하니라(행 9:1~9)

이때 예수님에 관한 사울의 생각에 어떤 변화가 일어나기 시작했을까요? 사울 자신에 관한 생각은 어떻게 변하기 시작했을까요?

사울은 나사렛 예수를 좇는 사람들을 붙잡아서 제거할 요량으로 다메섹을 향해 갔습니다. 그러다가 너무나도 밝은 빛 가운데 들려오는 하나의 질문과 맞닥뜨렸습니다. "사울아 사울아 네가 어찌하여 나를 박해하느냐?"(행 9:4). 이 질문은 사울을 혼란에 빠뜨렸습니다. 그는 예수님을 몰랐기에 예수님의 음성을 알아차리지 못했습니다. 하지만 경건한 마음으로 귀 기울여야 할 하나님의 메시지인 것은 깨달을 수 있었습니다. 예수님은 자신의 제자들을 박해하는 것은 곧 예수님 자신을 박해하는 것이라고 말씀하셨습니다. 사울이 예수님의 제자들에게 행한 일은 사실 예수님께 행한 것과 같았습니다. 이때 사울은 자신의 부끄러운 모습을 깨닫게 되었고 겸손해지기 시작했습니다. 자신이 이제껏 알던 세계를 벗어나야 하는 큰 변화의 문턱에 사울은 서 있었습니다.

> 다른 사람이 구원받기를 바라지 않고 있나요?
> 그렇다면 당신은 구원을 받지 못했습니다.
> 이 사실을 확실히 아십시오.
> 찰스 스펄전 Charles Spurgeon

예수님은 사울에게 시내로 들어가서 지시를 기다리라고 말씀하셨습니다. 사울과 함께 있던 사람들은 그 음성을 들을 수는 있었지만 모습을 볼 수 없었기 때문에 정신이 아뜩해졌습니다. 그때 볼 수 없게 된 사람은 그들만이 아니었습니다. 사울의 눈도 멀었습니다. 누가는 사울이 볼 수 없게 된 사실을 기록했습니다. "사울이 땅에서 일어나 눈은 떴으나 아무것도 보지 못하고"(행 9:8). 이것은 마태복음 23장에서 예수님이 유대교 지도자들을 "눈먼 인도자여 … 눈먼 바리새인이여"라고 부르셨던 것에 대한 암시가 분명합니다.

사울은 사람들의 손에 의지해서 다메섹으로 갔습니다. 이때 사울은 자신의 뜻대로 유대교의 수호자로서 그곳에 간 것이 아닙니다. 그는 자신이 박해하려 했던 바로 그분의 말씀을 경청하고자 겸손히 기다리는 눈먼 사람으로서 갔습니다. 사울은 뜻밖에 실패를 경험했으며, 3일 동안 보지도 못했고 먹지도 못했고 마시지도 못했습니다.

그런 사람이라도 이제는 내 형제야

이런 상황 가운데 하나님은 사명을 감당할 사람으로 아나니아를 준비해 두셨습니다.

10그때에 다메섹에 아나니아라 하는 제자가 있더니 주께서 환상 중에 불러 이르시되 아나니아야 하시거늘 대답하되 주여 내가 여기 있나이다 하니 11주께서 이르시되 일어나 직가라 하는 거리로 가서 유다의 집에서 다소 사람 사울이라 하는 사람을 찾으라 그가 기도하는 중이니라 12그가 아나니아라 하는 사람이 들어와서 자기에게 안수하여 다시 보게 하는 것을 보았느니라 하시거늘 13아나니아가 대답하되 주여 이 사람에 대하여 내가 여러 사람에게 듣사온즉 그가 예루살렘에서 주의 성도에게 적지 않은 해를 끼쳤다 하더니 14여기서도 주의 이름을 부르는 모든 사람을 결박할 권한을 대제사장들에게서 받았나이다 하거늘 15주께서 이르시되 가라 이 사람은 내 이름을 이방인과 임금들과 이스라엘 자손들에게 전하기 위하여 택한 나의 그릇이라 16그가 내 이름을 위하여 얼마나 고난을 받아야 할 것을 내가 그에게 보이리라 하시니 17아나니아가 떠나 그 집에 들어가서 그에게 안수하여 이르되 형제 사울아 주 곧 네가 오는 길에서 나타나셨던 예수께서 나를 보내어 너로 다시 보게 하시고 성령으로 충만하게 하신다 하니 18즉시 사울의 눈에서 비늘 같은 것이 벗어져 다시 보게 된지라 일어나 세례를 받고 [19]음식을 먹으매 강건하여지니라 사울이 다메섹에 있는 제자들과 함께 며칠 있을새(행 9:10~19)

아나니아는 하나님이 주신 당황스러운 지시를 이해하려고 노력했습니다. 그와 그의 친구들로서는 받아들이기가 쉽지 않은 지시였기 때문입니다.

아나니아는 질문했습니다. "주님! 사람을 잘못 보시고, 잘못 알려 주신 것 같습니다. 우리는 사울이 이곳에 온 이유에 대해서 이미 들었습니다. 혹시 사울이 다메섹에 온 이유를 잊으신 것은 아닌지요?" 이런 의미로 아나니아는 하나님께 질문했습니다. 아나니아는 예수님을 의심했던 것이 아니라, 왜 위험 속으로 달려들도록 부르시는지 이해하고 싶었습니다.

아나니아는 하나님의 지시를 이해할 수 없었지만, 순종했습니다. 그리고 전에 원수였던 사람일지라도 그를 형제로 받아들였습니다. 예수님의 복음에 눈뜬 사울은 성령으로 충만하게 되었고, 또한 예수님의 참된 제자가 되었음을 드러내는 세례를 받았습니다. 전에는 그리스도를 박해하던 자가 그리스도의 제자가 된 것입니다.

땅끝까지 달려, 바울!

사울은 변화되었고 그로 인해 그의 입에서 나오는 말까지도 완전히 달라졌습니다. 그는 계획대로 회당에 갔지만, 원래 계획과는 전혀 다른 메시지를 전했습니다.

[20]즉시로 각 회당에서 예수가 하나님의 아들이심을 전파하니 [21]듣는 사람이 다 놀라 말하되 이 사람이 예루살렘에서 이 이름을 부르는 사람을 멸하려던 자가 아니냐 여기 온 것도 그들을 결박하여 대제사장들에게 끌어가고자 함이 아니냐 하더라 [22]사울은 힘을 더 얻어 예수를 그리스도라 증언하여 다메섹에 사는 유대인들을 당혹하게 하니라 [23]여러 날이 지나매 유대인들이 사울 죽이기를 공모하더니 [24]그 계교가 사울에게 알려지니라 그들이 그를 죽이려고 밤낮으로 성문까지 지키거늘 [25]그의 제자들이 밤에 사울을 광주리에 담아 성벽에서 달아 내리니라(행 9:20~25)

사람들은 교회를 맹렬히 박해하던 사울의 모습을 분명히 기억했습니다. 그런 그들이 스데반을 처형에 이르게 했던 말을 똑같이 사울이 하는 것을 들었을 때 얼마나 놀랐을지 상상해 보세요. 새롭게 그리스도의 제자가 된 사울은 자신에게 성령 충만함과 폭발적인 능력을 드러낼 수 있게 된 것에 힘입어 자신을 변화시키신 예수 그리스도의 복음을 담대히 전했습니다.

다메섹의 유대교 지도자들은 사울이 회심했다는 소식을 들었지만 그 소식이 마음에 들지 않았습니다. 그래서 사울을 죽일 계획을 세웠습니다. 다메섹의 성도들은 예수님이 사울을 부르신 것을 알았습니다. 하나님은 보내시는 분이고, 이제 사울을 세상 가운데 보내실 것입니다! 그래서 성도들은 사울을 보호하기로 결심했습니다. 라합이 두 정탐꾼을 여리고에서 도망치도록 도와주었던 것처럼, 광주리를 이용해 그를 도시 밖의 안전한 곳으로 피신시켰습니다(참조, 수 2장).

초대교회의 대부분의 성도들은 사울을 복음의 대적자이자 어떻게 해서든 피해야 할 존재로 여겼을 것입니다. 그러나 하나님은 사울의 회심을 통해서 그들뿐 아니라 우리에게도 커다란 교훈을 주셨습니다. 바로 하나님의 넓은 은혜를 받지 못할 사람은 아무도 없다는 사실입니다. 예수 그리스도의 손길이 닿지 않는 사람은 없습니다. 하나님의 구원 능력에는 한계가 없고, 사울처럼 가장 공격적으로 예수 그리스도를 박해했던 사람조차 그 은혜를 받을 수 있습니다. 복음이 사울을 변화하게 했다면, 누구나 변화될 수 있습니다.

우리가 예상하지 못한 일을 해 주기를 즐거워하시는 하나님은 사울이 회심한 사건에서 멈추지 않으셨습니다. 복음의 능력으로 사울을 변화시키셨고, 그에게 역사상 가장 위대한 선교 사명을 주셨습니다. 사울을 회심시키시고 선교사로 부르시는 하나님의 모습을 통해, 우리는 하나님이 보내시는 분임을 깨닫게 됩니다.

하나님의 구속하시는 능력을 받을 수 없는 사람이 있다고 생각한 적이 있나요? 그 이유는 무엇인가요?

사울의 회심 사건을 보고 깨닫게 된 것이 있나요?

알짬 교리 99

부르심

하나님이 사람들을 구원으로 초청하시는 방식에는 두 가지가 있습니다. 즉 외적으로는 복음 선포를 통해서, 내적으로는 복음을 듣는 사람의 심령에서 역사하시는 성령님을 통해서입니다. 외적 부르심과 내적 부르심 둘 다 필수적이며, 둘 다 그리스도를 믿게 합니다(딤후 1:8~10).

그리스도와의 연결

students

나중에 바울이 될 사울에게 두 가지 사건이 일어났습니다. 첫 번째는 회심하게 된 것이고, 두 번째는 부르심을 받은 것입니다. 이것은 하나님의 구원의 능력을 입증해 줍니다. 한때 하나님의 백성을 완악한 마음으로 박해했던 사울은 십자가에 못 박히고 부활하신 예수님과의 만남을 통해서 세계 역사상 가장 위대한 선교사의 길을 걷기 시작했습니다. 오직 복음만이 그리스도의 대적을 그리스도의 구원에 대하여 열정적으로 증언하는 증인으로 변화시킬 수 있습니다.

> 지금은 비록 죄로 인해 부패하고 흉측하게 되었지만,
> 우리 안에는 하나님의 형상이 있습니다.
> 우리가 그리스도를 따라 변화할 때,
> 하나님은 은혜를 통해 하나님의 형상을 회복시켜 주십니다.
> 앨리스터 맥그래스 Alister McGrath

YOUR STORY

하나님이 들려주시는 이야기는 오늘을 사는 나와 늘 연결되어 있습니다. 아래 질문에 답하면서 성경 이야기가 내 이야기와 어떻게 연결되는지 생각해 봅시다.

▶ 하나님은 사울의 주의를 끌기 충분한, 상당히 독특하고 충격적인 방식으로 그를 만나셨습니다. 오늘날 예수님은 어떤 방식으로 사람들을 만나실까요?
이 질문에 관한 대답은 다양할 것입니다.

▶ 하나님이 내가 이해할 수 없는 일, 싫어하는 일을 시키시는 것처럼 느낀 적이 있나요? 그때 어떻게 했나요?
이 질문에 관한 대답은 다양할 것입니다.

▶ 예수님의 말씀에 순종하여 사울에게 가야 하는 아나니아에게는 용기가 필요했습니다. 어떻게 하면 우리도 하나님께 절대적으로 순종할 용기를 얻을 수 있을까요? 어디에서 이런 용기를 얻을 수 있을까요? 이 용기는 무엇에 근거할까요?
하나님을 믿을 때, 하나님이 세상이 끝나는 날까지 우리와 함께하심을 알 때, 즉 하나님의 말씀과 성품을 믿는 믿음에서 용기가 생겨납니다.

▶ 사울이 회심한 이야기를 통해 하나님의 은혜와 긍휼에 더욱 깊이 감사할 수 있게 되었다면 그 이유는 무엇인가요?
우리에게도 사울만큼이나 하나님의 은혜와 긍휼이 필요하다는 것을 깨닫게 합니다.

하나님의 이야기
하나님이 그분의 아들
예수 그리스도를 통해
우리를 구속해 주신 이야기

우리의 이야기
우리의 이야기가
하나님의 이야기와
만나는 곳

YOUR MISSION

생각

탕자의 비유(눅 15:11~32)에서 얻을 수 있는 교훈은 아버지를 떠나 유산을 탕진하고 방황하는 둘째 아들에게만 머물러 있지 않습니다. 이 비유가 주는 진짜 도전은 집에 남아서 아버지를 위해 열심히 일함으로써 아버지의 사랑을 받을 자격이 있다고 믿었던, 자기 의로 똘똘 뭉친 첫째 아들입니다. 예수님을 만나기 전의 사울도 자신이 하나님께 순종하고 있으며 하나님을 기쁘시게 하고 있다고 믿어 의심치 않았으므로 첫째 아들과 같다고 할 수 있습니다.

- **다른 사람에게 복음을 전할 때 직면하게 되는 어려움에는 어떤 것이 있을까요?**
  거절, 실패, 이기주의, 게으름, 교만 등이 있으며, 복음을 충분히 알지 못한다는 느낌 등 여러 가지 어려움에 직면합니다.

- **이런 도전을 극복하기 위해 우리가 할 수 있는 일은 무엇인가요?**
  이 질문에 관한 대답은 다양할 것입니다.

마음

예수님이 우리에게 원하시는 것은 형식적인 순종이 아닙니다. 예수님은 우리에게 자신이 누구인지를 보여 주시고, 우리 마음을 변화시켜서 애정 어린 참 순종으로 이끄시기 위해 우리와 만나십니다. 예수님과 사울이 대면하는 장면은, 예수님이 거만하고 완악한 마음을 부드럽게 만들 수 있는 분이라는 사실을 보여 줍니다.

- **마치 눈먼 사람처럼 종교적인 순종과 참 순종을 혼동하는 예로는 무엇이 있을까요?**
  교회 출석, 기도, 말씀 읽기, 성경 공부, 공동체에서의 섬김 등 우리가 행할 수 있는 여러 분야에서 종교적인 순종과 참 순종을 혼동할 수 있습니다.

- **예수님을 따르는 사람의 이야기 중심에는 무엇이 있을까요? 어떻게 하면 설득력 있게 이야기를 전할 수 있을까요?**
  이 질문에 관한 대답은 다양할 것입니다.

행동

아나니아의 입장에서 생각해 보세요. 기독교의 대적으로 악명 높은 사람에게 복음을 전하기 위해 다메섹으로 가라는 명령을 받는다면, 어떤 생각이 들까요? 당장 그곳으로 가서 그 사람이 머무는 집의 문을 두드리고 예수님이 복음을 전하라고 보내셨다고 말하는 자신의 모습을 상상해 보세요. 그런 명령에 순종하여 떠날 수 있나요? 곤란하게 만드는 질문입니다. 그러나 아나니아는 순종했습니다. 우리는 이 사람에게 감사해야 합니다. 왜냐하면 그는 위대한 선교사이자 신학자가 될 사울을 격려하라는 명령에 순종했기 때문입니다.

- **일반적으로 우리는 하나님이 신자를 불신자에게만 보내신다고 생각하기 쉽습니다. 하지만 하나님은 우리를 성도에게도 보내십니다. 그렇다면 그 이유는 무엇일까요?**
  하나님은 다른 성도들을 격려하고, 책임을 지며 살아가도록 돕고, 복음을 전하기 위해 협력하도록 우리를 보내십니다.

- **아나니아가 사울에게 다가갔던 것처럼, 성도들이 내 곁에 다가온 적이 있었나요?**
  이 질문에 관한 대답은 다양할 것입니다.

다음 모임까지
누가복음 6~8장;
요한복음 3~5장을
읽어 보세요.

08

교회,
파송하고 선교하다

요약

8과에서는 하나님이 교회를 통해서 최초의 선교사들을 어떻게 파송하셨는지에 대해 살펴볼 것입니다. 이 선교사들은 자신들이 전하는 복음 때문에 고통과 반대에 직면했음에도 예수님이 인도하시는 모든 곳에서 헌신적이었습니다. 하나님은 예수님을 믿지 않던 사람들이 하나님의 가족이 되도록 선교사들을 사용하셨을 뿐만 아니라 교회가 그들 가운데에서 역사하시는 하나님을 보고 강하게 되고 격려받게 해 주셨습니다.

성경

사도행전 13장 1~3절; 14장 8~28절

HIS STORY

포 인 트	하나님은 복음을 한 번도 들어 보지 못한 사람들을 위해 교회가 선교사를 파송하고 지원하길 원하신다.
등 장 인 물	바울(히브리어 이름은 '사울'임. 지독한 박해자에서 그리스도의 제자이자 사도로 변화됨. 이방인의 사도로 유명함) 바나바(바울의 제1차 선교 여행 때 그와 동행함)
메시지 좌표	'선교 사업', '선교사의 삶', '선교 지향' 등의 용어와 문구를 교회에서 들어 보았을 것입니다. 이러한 것들은 모든 그리스도인이 예수님께 받은 지상 명령을 드러내는 다양한 표현일 뿐입니다. 본질적으로 이러한 것들은, 모든 그리스도인이 잃어버린 자에게 예수님의 복음을 전하도록 하나님께 부름을 받고 보냄을 받은 선교사가 되어야 함을 나타냅니다.

도 입 

국내나 해외 선교에 참여했던 적이 있는 사람에게 그 경험을 나누게 하세요. 교사가 자신의 경험을 나누거나 아도니람 저드슨, 윌리엄 캐리, 짐 엘리어트와 같은 선교사들의 전기를 간략히 들려주어도 좋습니다. 학생들이 이야기할 수 있도록 기회를 준 후 다음 질문을 하세요.

▶   여러분은 선교사라는 단어를 어떻게 정의하나요?

모든 종족과 언어와 국경을 넘어서 세상 끝까지 복음이 전해지도록 하나님이 계시하신 방법은 바로 교회를 통해 선교사들을 보내는 것입니다. 그러므로 '선교사'라는 단어를 어떻게 정의하는지가 중요합니다. 우리가 하나님과 함께 이 계획에 가담하고 싶다면 먼저 선교를 이해해야 합니다.

하나님이 선교사들을 보내시는 모습을 사도행전 곳곳에서 볼 수 있습니다. 성경의 큰 틀이 되는 하나님의 거대한 서사에 주목한다면 성경 전체에서 이러한 모습을 찾아볼 수 있습니다. 하나님은 보내시는 분입니다. 성경은 매 장마다 하나님이 자신을 알리시기 위해 자신의 백성을 보내시는 모습을 보여 줍니다. 그리고 이 사실은 성육신 사건에서 가장 명백하게 드러납니다.

예수님은 하나님의 보내심을 받고 이 땅에 오셨습니다. 하나님의 선하심과 사람들을 구속하려는 계획을 드러내시기 위해서 영광스러운 처소를 떠나 육신을 입고 사람들 가운데 거하셨습니다. 보냄과 떠남은 하나님의 핵심 그 자체이고, 우리 또한 그래야 합니다.

선교사는 따로, 여기 아닌 저기로

사울은 사도행전 9장에서 회심한 후 여러 장이 지나는 동안 언급되지 않고, 베드로가 사도행전의 무대 중심에 섭니다. 사울은 사도행전 11장의 마지막에서 다시 등장하는데(행 11:27~30), 바나바와 함께 예루살렘에서 돌아올 때였습니다. 그들은 로마 제국 전역에 퍼진 기근 때문에 구호 사역을 펼치고 있었습니다.

사울과 바나바는 결국 안디옥 교회와 친밀한 관계를 맺게 되었습니다. 거기서 두 사람은 하나님의 의로운 목적을 위해 부름을 받고, 따로 구별되었습니다. 바로 이것이 성경에 기록된 첫 번째 선교 여행입니다. 이 선교 여행은 로마 제국의 동편 지역 여덟 도시에 걸쳐서 진행될 것입니다. 그리고 이후 두 차례에 걸친 선교 여행과 마침내 바울이 로마에 복음을 전하는 일의 초석이 될 것입니다.

[1]안디옥 교회에 선지자들과 교사들이 있으니 곧 바나바와 니게르라 하는 시므온과 구레네 사람 루기오와 분봉 왕 헤롯의 젖동생 마나엔과 및 사울이라 [2]주를 섬겨 금식할 때에 성령이 이르시되 내가 불러 시키는 일을 위하여 바나바와 사울을 따로 세우라 하시니 [3]이에 금식하며 기도하고 두 사람에게 안수하여 보내니라 (행 13:1~3)

안디옥 교회의 지도자들은 예배하며 금식하던 중에 성령님의 음성을 들었습니다. 이 지도자들과 교회는 하나님의 음성을 듣고 때가 되면 적절하게 반응할 준비가 되어 있었습니다.

성령님은 하나님이 주시는 소명을 위해 바나바와 사울을 따로 세우도록 지시하셨습니다. 하나님은 특별한 사역을 맡기기 위해 그 두 사람을 교회에서 떼어 놓으셨습니다. 이렇게 해서 바나바와 사울은 복음이 닿지 않은 지역에 복음을 확산하기 위해서 안디옥에서의 생활과 안디옥 교회를 뒤로 한 채 선교사로 파송을 받아 떠났습니다.

교회가 선교사를 위해 기도하고, 단기나 장기 선교사를 파송하는 모습을 본 적이 있나요? 바나바와 사울에게 일어났던 일과 어떻게 비교되나요?

> 주님을 모르는 사람들은 우리에게 묻습니다.
> "도대체 왜 선교사로 살며 인생을 낭비하나요?"
> 그들은 그들 역시 인생을 소비하고 있음을 잊고 있습니다.
> 그들은 그들이 낭비한 세월에 더 이상 어떤 영원한 가치도 없다는 것을
> 거품이 빠지고 난 후에야 알게 될 것입니다.
> 네이트 세인트 Nate Saint

사랑에 힘입으니 두려움 따위는 없어

선교사가 교회의 파송을 받은 새로운 땅에서 살아간다는 것은 힘겨운 일입니다. 게다가 때로는 그들이 전하는 복음이 그 땅의 분위기나 문화적 규범에 부딪치게 됩니다. 이럴 때 그들은 더욱 힘겨운 상황에 부닥치게 됩니다. 이런 일이 루스드라에서 바울과 바나바에게 일어났습니다.

8루스드라에 발을 쓰지 못하는 한 사람이 앉아 있는데 나면서 걷지 못하게 되어 걸어 본 적이 없는 자라 9바울이 말하는 것을 듣거늘 바울이 주목하여 구원받을 만한 믿음이 그에게 있는 것을 보고 10큰 소리로 이르되 네 발로 바로 일어서라 하니 그 사람이 일어나 걷는지라 11무리가 바울이 한 일을 보고 루가오니아 방언으로 소리 질러 이르되 신들이 사람의 형상으로 우리 가운데 내려오셨다 하여 12바나바는 제우스라 하고 바울은 그중에 말하는 자이므로 헤르메스라 하더라 13시외 제우스 신당의 제사장이 소와 화환들을 가지고 대문 앞에 와서 무리와 함께 제사하고자 하니 14두 사도 바나바와 바울이 듣고 옷을 찢고 무리 가운데 뛰어 들어가서 소리 질러 15이르되 여러분이여 어찌하여 이러한 일을 하느냐 우리도 여러분과 같은 성정을 가진 사람이라 여러분에게 복음을 전하는 것은 이런 헛된 일을 버리고 천지와 바다와 그 가운데 만물을 지으시고 살아 계신 하나님께로 돌아오게 함이라 16하나님이 지나간 세대에는 모든 민족으로 자기들의 길들을 가게 방임하셨으나 17그러나 자기를 증언하지 아니하신 것이 아니니 곧 여러분에게 하늘로부터 비를 내리시며 결실기를 주시는 선한 일을 하사 음식과 기쁨으로 여러분의 마음에 만족하게 하셨느니라 하고 18이렇게 말하여 겨우 무리를 말려 자기들에게 제사를 못하게 하니라 19유대인들이 안디옥과 이고니온에서 와서 무리를 충동하니 그들이 돌로 바울을 쳐서 죽은 줄로 알고 시외로 끌어 내치니라 20제자들이 둘러섰을 때에 바울이 일어나 그 성에 들어갔다가 이튿날 바나바와 함께 더베로 가서(행 14:8~20)

바울이 루스드라에서 복음을 전할 때 평생 한 번도 걸어 보지 못한 사람이 듣고 있었습니다. 바울은 그를 주목했고, 그에게 치유를 받을 만한 믿음이 있음을 간파했습니다. 이 말은 바울에게 일종의 초자연적인 이해가 있었음을 암시합니다. 바울은 그에게 일어나라고 말했습니다. 그러자 그 사람이 벌떡 일어나 걷기 시작했습니다. 그런데 이 사건은 바울과 바나바에게 큰 문제를 안겨 주었습니다.

지금까지 한 번도 걸어 본 적이 없는 사람이 치유된 것을 본 무리 가운데 소동이 벌어졌습니다. 사람들은 바울과 바나바가 사람의 형상으로 내려온 신이라고 여기며 그들의 방언으로 선포하며 칭송하기 시작했습니다. 전설에 따르면, 루스드라는 제우스와 헤르메스가 땅에 내려왔을 때 들렀다는 지역입니다. 그러므로 사람들은 바나바를 제우스로, 바울을 헤르메스로 간주했습니다. 두 사람 중에 말로 선포한 바울을 신들의 전령으로 알려진 헤르메스로 보았기 때문입니다.

바울과 바나바는 하나님의 영광을 가로챈 사람에게 일어난 일을 듣거나 목격한 적이 있었습니다. 그들은 그런 일에 연루되고 싶지 않았습니다. 그래서 사람들에게 하늘과 땅과 바다와 그 안의 모든 것을 지으신 기이한 하나님을 강조하는 한편(출 20:11), 그들 자신은 평범한 인간임을 보여 주려고 애썼습니다. 그들은 이교도인 루스드라 사람들에게 출애굽기 20장 11절과 시편 146편 6절을 인용했습니다. 그렇게 한 이유는, 아마도 그들이 섬기던 신들이 자연물과 관련되어 있었기 때문일 것입니다. 바울과 바나바는 자신들에게 제사 지내려는 사람들을 간신히 제지했습니다.

바울과 바나바를 해칠 계획을 가진 사람들이 찾아왔습니다. 그들은 바울과 바나바가 전에 여행했던 곳에 살던 유대인들이었습니다. 그 유대인들은 사람들을 선동해서 바울을 돌로 치게 했습니다. 그리고 그가 죽은 줄 알고 내다 버릴 정도로 바울과 바나바를 대적하고 해를 입혔습니다.

그러나 바울은 용감했습니다. 바울은 제자들이 자신을 땅에 묻기 위해 모여들자 일어나서 곧바로 성으로 돌아갔습니다. 바울은 복음을 위해 목숨까지도 잃을 준비가 되어 있었습니다. 선교사가 받은 부르심은 극심한 저항과 고난 중에서도 하나님께 모든 필요를 전적으로 의탁하는 것입니다.

바울이 루스드라로 돌아간 이유는 무엇일까요?

> 하나님은 전 세계적인 분이시기에
> 우리는 전 세계적인 전망을 가진
> 전 세계적인 그리스도인이 되어야 합니다.
> 존 스토트 John Stott

아플 테지만, 피하지 마

바울과 바나바는 루스드라에서 더베로 떠났습니다. 그러고 나서 그들은 자신들이 전에 사역했던 도시들을 다시 통과해서 안디옥으로 복귀했습니다.

²¹복음을 그 성에서 전하여 많은 사람을 제자로 삼고 루스드라와 이고니온과 안디옥으로 돌아가서 ²²제자들의 마음을 굳게 하여 이 믿음에 머물러 있으라 권하고 또 우리가 하나님의 나라에 들어가려면 많은 환난을 겪어야 할 것이라 하고 ²³각 교회에서 장로들을 택하여 금식 기도 하며 그들이 믿는 주께 그들을 위탁하고 ²⁴비시디아 가운데로 지나서 밤빌리아에 이르러 ²⁵말씀을 버가에서 전하고 앗달리아로 내려가서 ²⁶거기서 배 타고 안디옥에 이르니 이곳은 두 사도가 이룬 그 일을 위하여 전에 하나님의 은혜에 부탁하던 곳이라 ²⁷그들이 이르러 교회를 모아 하나님이 함께 행하신 모든 일과 이방인들에게 믿음의 문을 여신 것을 보고하고 ²⁸제자들과 함께 오래 있으니라(행 14:21~28)

먼저, 바울과 바나바는 각 도시의 새 성도들을 굳센 말로 격려하며 강하게 세워 주었습니다. 그들이 기독교 신앙에 날로 적대적이 되어 가는 제국에서 신앙생활을 하기가 쉽지 않았기 때문입니다. 그뿐 아니라 교회가 고난을 피할 수 없음을 알려 주었습니다. 예수님은 그분을 따르는 자가 그분으로 말미암아 미움과 박해를 받을 것이라고 예언하셨습니다(요 15:18~25). 이런 박해를 직접 경험한 바울과 바나바는 예수님이 전에 주셨던 약속을 다시 언급했습니다.

바울과 바나바가 교회에게 고난에 어떻게 대처하도록 권면했는지 주목해 보세요. 그들은 고난을 당하지 않게 해 달라고 기도하도록 권하지 않았습니다. 또한 고난을 덜 당하게 만들지도 않았습니다. 오히려 어려움은 현실이고 피할 수 없다는 사실을 받아들이도록 도와줌으로써 교회를 격려했습니다. 고난은 하나님이 하나님 나라를 위해서 사용하시는 것이기 때문에 오는 것이니 마음의 준비를 하도록 했던 것입니다.

오늘날 우리도 이 메시지를 들을 필요가 있습니다. 어쩌면 그 어느 때보다도 지금 이때에 가장 적합한 메시지일지도 모릅니다. 복음을 위해 안락을 포기하지 않으려 하는데, 고난과 고통을 받아들일 준비가 될 수 있을까요? 우리가 안락과 고난에 관해 잘못 생각하는 것이 가장 큰 문제일 수 있습니다. 그리스도께서 우리에게 아주 작은 고난만 겪는 안전하고 안락한 삶을 주기 원하신다고 믿기 쉽습니다. 그러나 예수님은 작은 고난만 있는 삶, 안락한 삶을 약속하지 않으셨습니다. 사실, 정반대를 약속하셨습니다. 우리는 그분을 위해 살아갈 때 고난이 따른다는 것을 알고 생각해야 합니다. 고난은 그리스도를 따르는 데 있어 필요한 요소입니다. 우리는 소명에 충실하게 살 수 있도록 다른 사람을 격려해야 하고, 우리도 격려를 받아야 합니다.

알짬 교리 **99**

교회와 하나님 나라

교회와 하나님 나라는 동일하지는 않지만, 밀접하게 관련되어 있습니다. 성경에서 하나님 나라에 관해 말할 때, 그것은 하나님이 세상을 통치하시는 것을 나타냅니다. 교회는 앞으로 하나님 나라가 온전히 드러날 것을 기대하면서 하나님의 사랑의 통치를 받으며 살아가는 하나님의 백성을 가리킵니다. 교회의 사명은 하나님 나라를 전하고, 그리스도를 통한 하나님의 구원 메시지를 선포하고, 다른 사람들이 하나님의 통치 아래 살아갈 수 있도록 선행을 통해 복음의 능력을 보여 주는 것입니다.

그리스도와의 연결

예수님은 음부의 권세가 교회를 이기지 못할 것이라고 제자들에게 말씀하셨습니다. 이것은 하나님의 백성이 예수님의 강력한 복음을 들고 영적인 암흑 속으로 들어가는 '공격적'인 모습을 볼 수 있게 해 줍니다. 처음부터 끝까지 계속, 우리는 예수님이 그분의 교회를 세우실 것을 확신합니다.

YOUR STORY

하나님이 들려주시는 이야기는 오늘을 사는 나와 늘 연결되어 있습니다. 아래 질문에 답하면서 성경 이야기가 내 이야기와 어떻게 연결되는지 생각해 봅시다.

▶ 선교사로 파송되어 다른 곳으로 가기를 바라나요? 그렇게 생각한 이유는 무엇인가요?
이 질문에 관한 대답은 다양할 것입니다.

▶ 만약 선교사가 된다면 가장 포기하기 어려운 것은 무엇일까요? 하나님이 나를 선교사로 부르신다면 어떤 점이 가장 힘이 들까요?
가족과 친구를 떠나는 것, 새로운 언어를 배우는 것, 익숙한 식당이나 가게가 없는 것 등의 대답이 가능할 것입니다.

▶ 더욱 선교 사역을 감당해 나가기 위해, 선교지에서 사역하는 선교사를 후원하기 위해 여러분이 바꿔야 하거나 포기할 것은 무엇인가요?
간식을 줄이는 것, 음악 듣기나 비디오 게임에 지나치게 몰두하지 않는 것 등을 들 수 있습니다.

▶ 이 이야기를 통해 다른 사람에게 복음을 전하려는 마음을 갖게 되었나요?
이 질문에 관한 대답은 다양할 것입니다.

하나님의 이야기
하나님이 그분의 아들 예수 그리스도를 통해 우리를 구속해 주신 이야기

우리의 이야기
우리의 이야기가 하나님의 이야기와 만나는 곳

YOUR MISSION

생 각

바울과 바나바는 하나님의 보냄을 받은 자신들의 정체성을 깨달았습니다(행 13:2). 그것은 다른 사람들이 그리스도인으로서의 정체성을 깨닫도록 돕는 것이었습니다. 우리 모두에게는 이러한 강권적인 정체성이 있습니다. 이것이 바로 우리가 사람들을 제자로 삼는 이유입니다. 이것이 바로 "가라" 하신 곳에 있는 이유입니다. 왜냐하면, 우리가 믿는 복음이 우리로 하여금 다른 사람도 그것을 믿을 수 있도록 가서 도우라고 강권하기 때문입니다. 우리는 예수님의 제자이며, 예수님과 함께 나아가 이웃과 열방을 제자로 삼도록 보냄을 받은 사람입니다.

- 당신이 하는 일을 통해, 또는 하나님이 당신을 그리스도 안에 있게 하셨다는 사실을 통해 자기 자신을 바라보고 있나요? 정체성에 관한 생각이 중요한 이유는 무엇일까요?

  이 질문에 관한 대답은 다양할 것입니다.

- 자신의 정체성을 이해하는 것은 삶에 어떤 영향을 줄까요?

  하나님을 기쁘시게 해드리기 위해서는 더 많은 일을 해야 한다는 두려움 가운데 살지 않도록 도와줍니다. 그리스도께서 주시는 참된 정체성을 가지고 감사하고 기뻐하며 살려고 노력합니다.

마 음

격려에는 누군가를 기분 좋게 하는 것보다 훨씬 중요한 목적이 있습니다. 격려의 핵심 목적은 누군가로 하여금 행동하도록 동기를 부여하는 것입니다. 격려는 그것이 아무리 어렵고 큰 위험을 수반하더라도, 필요하면 행동에 옮길 수 있도록 자신감과 용기를 줍니다. 우리는 그리스도를 닮아 가는 것을 목표로 다른 성도를 격려해야 합니다.

- 역경과 고난을 겪는 것은 복음의 발전에 어떤 영향을 끼칠까요?

  바울의 삶에서 볼 수 있듯이, 고난과 고통은 복음이 우리의 안락과 편안보다 더 큰 의미를 지닌다는 사실을 보여 줌으로써 복음의 발전을 이룹니다.

- 다른 사람의 격려를 통해 믿음의 행동을 한 적이 있나요? 그럴 수 있었던 이유는 무엇이었나요?

  이 질문에 관한 대답은 다양할 것입니다.

행 동

보내시는 하나님은 복음을 듣지 못한 사람들을 향한 그분의 마음을 깨닫게 하심으로써 전 세계에 더 많은 선교사를 보내도록 계속해서 우리를 부르십니다. 우리가 이 부르심에 신실하기 위해서는 개인적으로 받아들여야 합니다. 우리는 자신에게 이 질문을 해야 합니다. '하나님이 나를 선교사로서 어디로 보내시는가?' 만일 하나님이 우리가 지금 거하는 곳에 남아 있기를 원하신다면, 그때는 다른 선교사를 어떻게 지원할 수 있을지 질문해야 합니다.

- 어떻게 하면 가는 곳마다 사람들을 예수님의 제자로 삼을 수 있을까요?

  이 질문에 관한 대답은 다양할 것입니다.

- 지역 교회가 파송한 선교사를 어떤 식으로 후원하고 있나요?

  이 질문에 관한 대답은 다양할 것입니다.

다음 모임까지
마태복음 14~18장;
누가복음 9장을
읽어 보세요.

09

믿음이면 충분해

요약

9과에서는 교회가 이방인의 구원에 대한 극심한 견해차를 다룬 과정을 살펴볼 것입니다. 이방인들은 오직 믿음으로 구원을 받았을까요, 아니면 먼저 율법에 순종하는 길로 구원에 들어가야만 했을까요? 이 중대한 질문에 답하기 위해 모였던 예루살렘 공회는 교회의 분쟁을 다루는 방법에 대한 좋은 본보기를 제공하고, '오직 그리스도'라는 복음 메시지를 지키는 데 핵심적인 역할을 했습니다.

성경

사도행전 15장 1~21절

HIS STORY

포 인 트	하나님은 행위로써가 아니라 오직 그리스도를 믿음으로써 구원을 받는다는 메시지를 선포하도록 우리를 부르신다.
등 장 인 물	바울(히브리어 이름은 '사울'임. 지독한 박해자에서 그리스도의 제자이자 사도로 변화됨. 이방인의 사도로 유명함) 바나바(바울의 제1차 선교 여행 때 동행함)
메시지 좌표	오늘날의 교회에서와 마찬가지로 초대교회에서도 분쟁하고 다투는 일이 있었습니다. 그들도 우리처럼 그리스도 안에서 새로운 삶을 살려고 함께 노력했던 불완전한 사람들이었습니다. 본문을 통해 당시에 일어났던 분쟁 가운데 하나를 보게 될 것입니다. 이 분쟁은 과연 예수님만으로 구원을 받을 수 있는가에 관한 복음의 핵심을 다루고 있습니다.

도 입

5~10분

믿음은 대중문화에서 흔한 주제입니다. 사람들에게 "그냥 믿어"라고 하면서, 꿈을 좇을 때 필요한 믿음을 절대 포기하지 말라고 하는 유행가가 있습니다. 인생의 목표를 달성하기 위해서는 자기 자신을 믿으라고 독자에게 권하는 책이 있습니다. 운명에 도달하기 위해서는 주인공이 믿음을 가져야만 하는 영화가 있습니다. 매체가 무엇이든지 공통적인 메시지는 이것입니다. '자신을 충분히 믿는다면 놀라운 일을 할 수 있다.'

▶ '그냥 신뢰하는 것', '믿음을 갖는 것'에 관한 노래나 영화나 책을 생각해 낼 수 있나요? 이는 성경의 믿음과 어떻게 다른가요?

'믿는 것'만 중요하다는 듯이 일반적인 의미의 믿음을 말하지 않는 것이 중요합니다. 믿음에는 대상이 있기 때문입니다. 대중문화가 무엇을 어떻게 말하든지 상관없습니다. 우리는 자기 자신이나 자신의 능력을 믿음의 대상으로 삼을 수 없습니다. 성경적인 믿음은 단순히 누가 믿느냐에 관한 것이 아니라, 믿음의 대상이 누구인지에 관한 것입니다. 그것은 일반적인 의미의 믿음을 갖는 것이 아니고 우리가 믿기에 완전히 합당한 어떤 분을 신뢰하는 것입니다. 중요한 것은 믿음의 대상입니다. 만일 잘못된 대상을 믿는다면, 우리가 얼마나 열심히 믿는지는 아무런 의미가 없습니다.

예수님만으로도 충분하냐고?

사도행전 13~14장에서 우리는 예수님의 지시대로(행 1:8) 초대교회가 예루살렘뿐 아니라 먼 곳까지 복음을 전하기 위해서 최초의 선교사인 바울과 바나바를 파송하는 것을 보았습니다. 두 선교사는 힘겨운 여행을 했고, 이방인을 포함한 많은 사람이 그리스도를 믿게 되었습니다. 하나님이 하신 일에 관한 소식이 퍼져 나갔습니다. 그런데 그것을 듣고도 기뻐하지 않는 사람이 있었습니다.

[1]어떤 사람들이 유대로부터 내려와서 형제들을 가르치되 너희가 모세의 법대로 할례를 받지 아니하면 능히 구원을 받지 못하리라 하니 [2]바울 및 바나바와 그들 사이에 적지 아니한 다툼과 변론이 일어난지라 형제들이 이 문제에 대하여 바울과 바나바와 및 그중의 몇

사람을 예루살렘에 있는 사도와 장로들에게 보내기로 작정하니라 ³그들이 교회의 전송을 받고 베니게와 사마리아로 다니며 이방인들이 주께 돌아온 일을 말하여 형제들을 다 크게 기쁘게 하더라 ⁴예루살렘에 이르러 교회와 사도와 장로들에게 영접을 받고 하나님이 자기들과 함께 계셔 행하신 모든 일을 말하매 ⁵바리새파 중에 어떤 믿는 사람들이 일어나 말하되 이방인에게 할례를 행하고 모세의 율법을 지키라 명하는 것이 마땅하다 하니라 (행 15:1~5)

이방인들이 그리스도를 믿게 되었다는 소식을 들은 사람들이 유대에서 안디옥으로 내려와 논쟁을 시작했습니다. 그들은 이방인이 구원받을 가능성을 부인하지는 않았습니다. 하지만 율법에 순종하지 않고도 구원받을 수 있다는 사실을 부인했습니다. 그들은 구원받기 원한다면 할례를 꼭 받아야 한다고 가르쳤습니다.

바울과 바나바는 유대에서 온 사람들의 가르침을 들은 후, 그들에 맞서 심각한 논쟁과 토론을 벌였습니다. 논쟁의 본질은 구원을 받기 위해서 예수님만으로 충분한지 아니면 할례처럼 추가적인 요소가 필요한지에 관한 것이었습니다.

바울과 바나바는 두 가지 이유로 그들의 가르침을 거부했습니다. 첫 번째 이유는 구원이 오직 믿음으로 말미암아 은혜로 주어진다는 복음의 핵심과 관련이 있습니다(엡 2:8~9). 유대에서 온 사람들은 믿음만으로는 충분하지 않다고 가르쳤습니다. 그들은 구원을 받기 위해서는 먼저 하나님의 언약 공동체인 이스라엘 백성에 속해야 하고, 하나님의 공동체의 일원이 되기 위해서는 할례의 증표가 필요하다고 주장했습니다. 바울과 바나바는 구원을 받기 위해서 특정한 백성에 속할 필요가 없고, 누구든지 어디서나 예수 그리스도를 믿는 순간 구원을 받는다고 가르쳤습니다.

> 사람들은 하나님의 법이 너무 많고 엄격하다고 생각하면서도,
> 자기들을 위해서는 더 많은 법을 만들어 내고
> 그것들을 꼬박꼬박 지킵니다.
> 리처드 백스터 Richard Baxter

바울과 바나바가 유대에서 온 사람들과 맞섰던 두 번째 이유는 그들의 선교사적인 마음과 관련이 있습니다. 대부분의 선교사들은 사람들이 살아가는 현장에서 복음을 생각해 보도록 권면하며 격려합니다. 이방인들에게 할례를 요구하는 것은 그들의 부담만 키우고, 복음을 전하는 일에 방해가 될 뿐입니다.

이토록 중요한 사안을 안디옥에서 해결할 수 없음이 명백해졌습니다. 그리고 이 논쟁은 교회를 위해서 광범위한 의미가 있다는 사실도 분명해졌습니다. 그러자 안디옥 교회는 바울과 바나바 일행을 예루살렘에 보내어 장로들과 사도들에게 이 사건을 전하게 했습니다. 바울과 바나바는 예루살렘까지 400킬로미터 거리를 여행하면서 멈출 때마다 하나님이 이방인들 가운데 행하신 일을 성도들에게 전했습니다. 이것을 들은 성도들은 당연히 들썩였습니다. 예수님은 복음이 유대뿐 아니라 온 열방을 위한 것임을 분명히 하셨습니다(마 28:18~20; 행 1:8; 요 10:16). 하나님도 이미 오래전에 아브라함에게 그와 똑같은 말씀을 하셨습니다(창 12:3).

바울과 바나바가 이방인의 구원에 할례가 필요하다는 데에 맞서 이방인의 구원을 변호한 것처럼 우리가 변호해야 할 사안들은 무엇일까요?

성령의 증거를 보면 알잖아

이 사안을 다루려고 교회 지도자들이 예루살렘 공회에서 모였습니다. 앞으로 살펴보겠지만, 이 사안을 해결하는 것은 그들에게 대단히 중요했습니다. 그러나 교회가 이 문제를 해결하고자 한 방식 또한 중요합니다. 교회는 이 문제에 답하기 위해서 전통에 호소했을까요? 아니면, 하나님의 말씀과 그들이 목격해 온 하나님의 역사에 호소했을까요?

6사도와 장로들이 이 일을 의논하러 모여 7많은 변론이 있은 후에 베드로가 일어나 말하되 형제들아 너희도 알거니와 하나님이 이방인들로 내 입에서 복음의 말씀을 들어 믿게 하시려고 오래전부터 너희 가운데서 나를 택하시고 8또 마음을 아시는 하나님이 우리에게와 같이 그들에게도 성령을 주어 증언하시고 9믿음으로 그들의 마음을 깨끗이 하사 그들이나 우리나 차별하지 아니하셨느니라 10그런데 지금 너희가 어찌하여 하나님을 시험하여 우리 조상과 우리도 능히 메지 못하던 멍에를 제자들의 목에 두려느냐 [11]그러나 우리는 그들이 우리와 동일하게 주 예수의 은혜로 구원받는 줄을 믿노라 하니라 [12]온 무리가 가만히 있어 바나바와 바울이 하나님께서 자기들로 말미암아 이방인 중에서 행하신 표적과 기사에 관하여 말하는 것을 듣더니 [13]말을 마치매 야고보가 대답하여 이르되 형제들아 내 말을 들으라 [14]하나님이 처음으로 이방인 중에서 자기 이름을 위할 백성을 취하시려고 그들을 돌보신 것을 시므온이 말하였으니 [15]선지자들의 말씀이 이와 일치하도다 기록된 바 [16]이후에 내가 돌아와서 다윗의 무너진 장막을 다시 지으며 또 그 허물어진 것을 다시 지어 일으키리니 [17]이는 그 남은 사람들과 내 이름으로 일컬음을 받는 모든 이방인들로 주를 찾게 하려 함이라 하셨으니 [18]즉 예로부터 이것을 알게 하시는 주의 말씀이라 함과 같으니라 [19]그러므로 내 의견에는 이방인 중에서 하나님께로 돌아오는 자들을 괴롭게 하지 말고 [20]다만 우상의 더러운 것과 음행과 목매어 죽인 것과 피를 멀리하라고 편지하는 것이 옳으니 [21]이는 예로부터 각 성에서 모세를 전하는 자가 있어 안식일마다 회당에서 그 글을 읽음이라 하더라(행 15:6~21)

공회가 이 사안을 얼마간 논의했습니다. 그 후에 베드로가 일어나서 모인 사람들에게 이방인들이 할례 없이 오직 은혜로만 구원받는다는 주장을 뒷받침하는 강한 증거를 제시했습니다. 베드로는 고넬료와 있었던 일과 하나님이 자신에게 전통을 고집하는 사고방식을 버리고 복음에 초점을 맞춘 사고방식으로 바뀌어야 한다는 사실을 어떻게 계시하셨는지를 상기시켰습니다(행 10~11장). 할례는 하나님의 백성이 세상으로부터 분리되었다는 사실과 그들의 순결에 대한 증표였습니다. 그러나 할례의 증표는 이제 그리스도 안에서 성취가 되었습니다. 그리스도를 믿음으로 받는 세례가 바로 할례를 대체합니다. 구약의 할례는 육체에 받으나, 예수님을 믿음으로 받는 세례는 마음에 받는 할례와 같습니다. 구원을 받기 전에 할례를 먼저 받아야 한다는 주장은 마치 믿기 전에 세례를 먼저 받아야 한다는 주장과 같으며, 이는 복음의 핵심 내용을 약화시킵니다. 그리스도 안에서의 순결과 세상으로부터의 분리는 구원으로 이끄는 것이 아니라, 구원에서 흘러나오는 것입니다. 사도 바울이 로마서에서 말했듯이, 구원을 받으려면 먼저 할례를 받아야 한다는 주장은 복음의 핵심 내용을 약화시켰습니다.

베드로는 하나님이 이방인에게도 성령을 선물로 주신 사건을, 할례받지 않은 이방인들의 회심에 관한 증거로 제시했습니다. 하나님은 그들에게 성령을 주신 것처럼 이방인 신자들에게도 성령을 주셨습니다. 할례나 다른 어떤 요소로 인한 차별도 없었습니다. 그들 모두가 믿음으로 구원을 받았으며, 성령을 받음으로써 하나님이 그들의 믿음을 받으셨다는 사실이 분명해졌습니다.

베드로가 말을 마치자 방금 전까지 열띤 논쟁을 벌이던 무리가 조용해졌습니다. 베드로가 강력하게 복음을 방어하는 소리가 사람들 사이로 울려 퍼졌습니다. 그러자 바울과 바나바는 기회를 놓치지 않고 하나님이 그들을 통해서 이방인들을 믿음으로 인도하신 일들을 나누면서 베드로가 한 말을 뒷받침했습니다. 그들은 하나님이 변화시키신 수많은 이방인의 예를 나열했습니다.

다음 차례는 야고보였습니다. 야고보는 그들이 경험한바 이방인들이 믿음을 갖게 된 것이 줄곧 하나님이 세우신 계획의 일부였음을 보이기 위해서 아모스 9장 11~12절을 인용했습니다. 하나님은 그들의 조상에게 유대인들과 이방인들을 포함한 모든 사람이 주를 찾게 될 것이라고 말씀하셨습니다. 구원의 메시지가 유대인만을 위했던 적은 단 한 번도 없었습니다.

> 진정한 복음주의자의 특징은
> 비판 없이 옛 전통을 반복하는 것이 아니라,
> 전통의 역사가 얼마나 오래되었던지 간에
> 모든 전통을 성경의 면밀한 검토 아래 두고,
> 필요하다면 개혁하는 것입니다.
>
> 존 스토트 John Stott

본문으로 더 깊이

할례 문제를 일으킨 사람들을 책망하는 편지가 보내졌습니다(행 15:22~35). 공회는 그들에게 그러한 임무를 승인한 적이 없고, 그들은 대변인도 아니었습니다. 이 사실을 안디옥의 이방인 신자들이 알기를 원했습니다. 인사말로 미루어 볼 때, 교회는 이방인 신자들을 지지하는 결정을 했고 이방인 신자들을 그리스도 안에서 형제자매로 간주했음이 명백했습니다. 지도자들은 그 결정이 성령의 지혜와 인도하심에서 비롯되었으며, 이방인 신자들에게 네 가지 요구 사항 외에는 어떤 부담도 부여하지 않을 것임을 명시했습니다.

그런데 왜 이 네 가지 사항을 지목했을까요? 야고보를 비롯한 다른 지도자들은 이방인 신자들이 그리스도 안에 있는 개인의 자유를 지나치게 남용하여 자칫 유대인 형제자매들에게 걸림돌이 될까 봐 걱정했습니다. 레위기 17~18장에서 다룬 이 네 가지를 유대인과 그들 중에 거하던 이방인 모두에게 금지했습니다. 이방인 신자들은 이 네 가지 금지 사항에 놀라지 않을 것이고, 그것들은 유대인 신자들에게 뜻 깊었을 것입니다. 이방인 신자들이 이 네 가지 행위를 멀리한다면 유대인 신자들에게, 그리고 다른 유대인들이 그리스도를 믿는 데에 짐이 되지 않을 수 있을 것입니다.

알짬 교리**99**

칭의와 행위

칭의는 인간의 노력이나 선행의 결과로 얻어지는 것이 아니라 그리스도의 의에 대한 믿음을 통해 주어지는 것입니다. 선행은 칭의를 얻게 하는 수단은 아니지만, 칭의는 신자가 믿음의 열매로 선행을 맺게 하는 원인이 됩니다. 왜냐하면 믿음으로 칭의를 받은 신자는 하나님께 감사를 드리지 않을 수가 없기 때문이며, 하나님께 드리는 감사는 바로 하나님의 말씀에 대한 순종이기 때문입니다(엡 2:10). 그러므로 행함이 없는 믿음은 죽은 것입니다(약 2:17). 선행이 칭의를 이루게 하는 것은 아니지만, 우리의 진실한 믿음을 확증해 주며 우리가 의롭다 함을 입은 사실을 분명하게 드러내 줍니다.

그리스도와의 연결

students

초대교회의 논쟁을 해결하기 위해서 예루살렘 공회가 모였습니다. 논쟁의 요점은 구원을 받고 하나님의 가족이 되는 것이 그리스도를 믿음으로써 충분한지, 아니면 다른 요소가 필요한지에 관한 것이었습니다. 초대교회는 예수님을 믿는 것이 구원의 전부라고 확정했습니다. 그들은 예수님이 십자가 사역을 완성하셨으므로 구원은 예수님을 믿는 것만으로도 충분하다고 말하고 있습니다.

다섯 솔라-종교개혁의 5가지 솔라
(종교개혁 때 나타난 다섯 가지 표어로, '솔라'는 '오직'이라는 의미임)

- 오직 성경
- 오직 그리스도
- 오직 은혜
- 오직 믿음
- 오직 하나님께만 영광

YOUR STORY

하나님이 들려주시는 이야기는 오늘을 사는 나와 늘 연결되어 있습니다. 아래 질문에 답하면서 성경 이야기가 내 이야기와 어떻게 연결되는지 생각해 봅시다.

▶ **우리가 구원을 받고 구원을 유지하기 위해서 은혜 외에 다른 어떤 것도 필요 없다는 사실을 받아들이기 힘든 이유가 무엇일까요?**

우리는 어떤 것이 공짜라는 사실을 믿기 힘들어 합니다. 우리는 교만할 뿐만 아니라, 값없이 주어진 은혜의 선물을 받아들이기보다는 우리 자신을 고치기 위해서 스스로 무엇인가를 하고 싶어 합니다.

▶ **하나님이 하시는 일을 입증하기 위해서 체험에만 의존하는 것에는 어떤 위험이 있을까요? 어떻게 하면 이런 위험들로부터 자신을 보호할 수 있을까요?**

우리가 진짜 경험했다고 생각되는 것도, 그것을 항상 성경적인 진리의 점검을 받아야 합니다. 하나님의 말씀이 우리의 최종적인 권위이기 때문에 우리의 경험을 늘 성경을 통해서 보아야 합니다.

▶ **구원을 받으려면 먼저 착한 사람이 되고, 그에 덧붙여서 예수님을 믿어야 한다고 말하는 사람에게 어떤 말을 해 줄 수 있을까요?**

이 질문에 관한 대답은 다양할 것입니다.

▶ **이 이야기를 통해서 오늘날 교회 안에서의 분쟁을 해결하는 방법에 관해 깨닫게 된 것이 있나요?**

어떤 분쟁이든 그 답을 성경에서 찾을 수 있습니다. 편견과 의심을 내려놓고 성경에서 해답을 찾는다면, 진리와 화목으로 향하는 바른길로 들어서게 될 것입니다.

하나님의 이야기
하나님이 그분의 아들
예수 그리스도를 통해
우리를 구속해 주신 이야기

우리의 이야기
우리의 이야기가
하나님의 이야기와
만나는 곳

YOUR MISSION

생 각

사도행전 15장에서 예루살렘 공회가 할례와 관련된 논쟁을 다룬 방법은 오늘날 교회에서 논쟁을 다루는 방법의 모범이 됩니다. 의견이 일치하지 않을 때, 문제를 적극적으로 다루어야 하고, 성경과 하나님이 하신 일을 토대로 호소해야 합니다. 문제가 해결된 후에는 그리스도 안에서 주어지는 자유와 사랑으로 모든 성도가 어우러질 수 있도록 인도해야 합니다. 공회는 구원을 받기 위해서는 예수님만 있으면 된다고 주장하면서, 예수님을 믿는 것은 구원과 하나님의 가족이 되는 것에 충분하다고 강조했습니다. 초대교회는 복음의 핵심을 보호했습니다.

- 행위가 아닌 오직 믿음으로만 구원을 받는다는 교리가 중요한 이유는 무엇일까요?
  본질적으로, 이것이 복음의 핵심이기 때문입니다. 오직 믿음과 오직 그리스도를 통한 구원을 거부하는 것은 그리스도께서 십자가에서 이루신 구원 사역을 거부하는 것입니다.

- 초대교회가 논쟁을 다루는 방식에서 오늘날 교회가 배워야 할 점은 무엇일까요?
  그들은 문제를 직접 다루었고, 성경에 호소했으며, 연합을 추구하는 방식을 택했습니다.

마 음

할례는 하나님의 백성이 세상으로부터 분리되었다는 사실과 그들의 순결에 대한 증표였으나, 이제 그리스도 안에서 성취되었습니다. 예수님을 믿음으로 받는 세례는 마음에 받는 할례와 같습니다. 구원받기 전에 할례를 먼저 받아야 한다는 주장은 마치 믿기 전에 세례를 먼저 받아야 한다는 주장과 같으며, 이는 복음의 핵심 내용을 약화시킵니다. 그리스도 안에서 순결과 세상으로부터의 분리는 구원으로 이끄는 것이 아니라, 구원에서 흘러나오는 것입니다. 그리스도를 따르는 사람은 옛사람을 버리고 새사람을 입을 때 마음의 할례를 받게 됩니다(롬 2:28~29). 중요한 것은 종교적인 의식이 아니라 그리스도 안에서의 영적인 삶입니다.

- 정결하기 때문에 믿음을 갖는 것이 아닌, 믿음으로 말미암아 정결할 수 있다는 사실을 강조하는 것이 중요한 이유는 무엇일까요?
  선한 행실이 믿는 마음의 자연스러운 결과임을 강조함으로써 우리 스스로 구원을 획득할 수 없음을 깨닫게 해 주기 때문입니다.

- 어떻게 하면 우리 삶으로 예수 그리스도를 향한 참된 믿음을 나타낼 수 있을까요?
  다른 사람들을 사랑하고, 성령의 열매를 맺으며 삶으로써 믿음을 보일 수 있습니다.

행 동

이방인들에게 구원을 받기 전에 할례를 요구하는 것은 예수님이 성취하신 일을 무시하고, 다시 구약의 그림자로 돌아가라고 하는 것과 같습니다. 구원을 받을 권리를 얻기 위해서 무엇인가를 해야 한다는 뜻입니다. 그러나 구원을 받기에 합당한 사람은 아무도 없습니다. 살아 계신 하나님께 초청받기에 합당한 사람은 아무도 없습니다. 구원은 은혜로 얻는 것입니다. 구원은 은혜에서 시작되고, 은혜로 유지되며, 은혜로 완성됩니다. 구원에 합당한 사람이 아무도 없으므로 이방인들에게 구원을 위해서 무엇인가를 행하도록 요구해서는 안 됩니다.

> 다음 모임까지
> 마가복음 6~9장;
> 요한복음 6장을
> 읽어 보세요.

- 우리의 신념이나 전통 중에 다른 사람이 복음을 이해하는 것을 가로막는 것이 있나요?
  이 질문에 관한 대답은 다양할 것입니다.

- 행위가 아닌 은혜로 구원을 받는다는 사실은 삶의 방식을 어떻게 바꾸어 놓을까요?
  이 질문에 관한 대답은 다양할 것입니다.

10

복음은
모두를 향해 달린다

요약

10과에서는 독특한 방식으로 복음을 만나 변화한 세 사람을
만나게 될 것입니다. 세 만남을 통해서, 다양한 방법으로 다양
한 사람과 만나시려는 하나님을 보게 됩니다. 하나님은 사람들
의 과거나 외모, 현재 상황과 무관하게 모든 사람에게 복음 메
시지를 신실하게 전하라고 하십니다.

성경

사도행전 16장 11~34절

HIS STORY

포 인 트 하나님은 다양한 민족에게 복음 메시지를 전하시기 위해 다양한 방법을 사용하신다.

등 장 인 물 바울(히브리어 이름은 '사울'임. 지독한 박해자에서 그리스도의 제자이자 사도로 변화됨. 이방인의 사도로 유명함)

메시지 좌표 언제나 만국에 복음을 전하는 것이 하나님의 계획입니다. 10과에서는 하나님이 다양한 부류의 사람들에게 다양한 방식으로 그분의 메시지를 전하시는 모습을 보여 줌으로써, 만민이 하나님을 알고 구원을 받기를 원하시는 하나님의 뜻을 강조합니다.

도 입 5~10분

여러분은 사람들을 관찰하는 자신의 모습을 깨달은 적이 있나요?

전화가 나오기 전에는 누군가를 만나려면 먼저 시간과 장소를 약속해야 했습니다. 그리고 때가 되면 약속한 시간에 약속한 장소로 상대방이 먼저 나와 있기를 기대하면서 주위를 둘러봐야 했습니다. 그래서 누군가가 눈에 띄는 행동을 하면 금방 알아차릴 수 있었습니다. 떼쓰는 아이를 혼내는 엄마가 있으면 쳐다보거나, 데이트하는 연인이 있으면 그들이 서로에게 잘 어울리는지 살펴보면서 얼마나 사귀었을지 추측해 보기도 했습니다.

스마트폰과 소셜미디어가 나오자 사람들은 전처럼 약속 장소에서 관찰하지 않게 되었습니다. 그런 일은 잃어버린 예술이 된 것 같습니다. 그러나 그렇지 않습니다. 관찰 장소가 물리적인 영역에서 디지털 영역으로 이동했을 뿐입니다. 소셜미디어 프로필에 들어가서 그들이 무엇을 하는지 관찰하는 것은 놀랍도록 쉬워졌습니다. 그뿐 아니라 어떤 애플리케이션은 심지어 누가 매 순간 어디에 있는지를 알려 주기까지 합니다.

▶ 사람들을 관찰했던 경험에 관해 이야기를 나눠 보세요. 누군가를 관찰하는 것만으로 그 사람을 아는 것이 가능할까요? 그에 관해 얼마나 알 수 있을까요?

직접 혹은 온라인으로 사람들을 관찰하면서 많은 것을 알게 됩니다. 세상에는 엄청나게 다양한 사람들이 존재하고, 그들은 독특한 자신만의 이야기를 가지고 있다는 점입니다. 사람들은 무엇인가를 소망하고, 그것을 통해 의미를 찾으며 삽니다. 어떤 사람들은 가족에서 의미를 발견하고, 어떤 사람들은 일이나 명예에서 의미를 발견합니다. 어떤 사람들은 완전한 행위나, 자기 의와 관련된 종교에서 의미를 발견합니다. 이 모든 것은 자신이 하고 있는 일이나 직업이나 자기 의에 관한 것들입니다. 사람들은 많은 점에서 다르지만, 사실 그 외의 면에서는 동일합니다. 그렇기 때문에 우리는 모두 하나님의 사랑을 받고 있으며 예수 그리스도의 복음이 필요합니다.

루디아라는 여인을 향해

바울은 사람들을 관찰하는 데 탁월한 재능이 있었던 것 같습니다. 앞으로 살펴보겠지만, 그는 항상 주변 사람들을 예민하게 의식했습니다. 그런데 단

도입 선택

사람들은 다양한 방식으로 배우기 때문에 가르치는 사람이 다양한 교육법을 알고 있는 것이 중요합니다. 사람들은 흔히 시각이나 청각이나 운동 감각 등을 통해 배웁니다. 시각에 민감한 학습자는 그림과 도표를 제시해 줄 때 개념을 더 잘 이해합니다. 청각에 민감한 학습자는 개념을 단어와 소리를 통해 말로 설명해 주는 것을 좋아합니다. 운동 감각에 민감한 학습자는 몸으로 직접 경험하며 배우는 것을 즐거워합니다. 하나님은 저마다 특유의 재능과 정보 처리 능력을 갖도록 사람을 지으셨습니다. 따라서 하나님이 진리와 자기 자신을 각자 이해할 수 있는 방식으로 모든 사람에게 계시하시는 것은 당연합니다.

- *나는 어떤 종류의 학습자인가요?*
- *언제, 어떻게 하나님을 처음 알게 되었나요? 예수님이 나를 위해서 하신 일에 관해서는 어떻게 처음 알게 되었나요?*

지 수동적으로 바라보기만 했던 것이 아니라 어떤 상황에서든 그들 삶에 개입하곤 했습니다. 루디아라는 여인을 만났을 때, 그의 이런 모습이 처음으로 나타납니다.

> [11]우리가 드로아에서 배로 떠나 사모드라게로 직행하여 이틀날 네압볼리로 가고 [12]거기서 빌립보에 이르니 이는 마게도냐 지방의 첫 성이요 또 로마의 식민지라 이 성에서 수일을 유하다가 [13]안식일에 우리가 기도할 곳이 있을까 하여 문 밖 강가에 나가 거기 앉아서 모인 여자들에게 말하는데 [14]두아디라 시에 있는 자색 옷감 장사로서 하나님을 섬기는 루디아라 하는 한 여자가 말을 듣고 있을 때 주께서 그 마음을 열어 바울의 말을 따르게 하신지라 [15]그와 그 집이 다 세례를 받고 우리에게 청하여 이르되 만일 나를 주 믿는 자로 알거든 내 집에 들어와 유하라 하고 강권하여 머물게 하니라 (행 16:11~15)

제자들은 사명을 감당하고 있었습니다. 그들은 자신의 목숨이 자신의 것이 아니라는 사실을 알았습니다. 그들은 복음이 그들의 유익만을 위한 것이 아니며, 진리를 알고 받아들인 만큼 그것을 다른 사람에게도 전해야 한다는 사실도 알았습니다. 이것이 그들이 마케도니아로 떠난 이유입니다. 그런데 이상하게도, 이 본문의 이전 구절들에서 성령님은 제자들이 아시아에서 복음을 전하는 것과 심지어는 비두니아 지역에 들어가는 것마저 막으셨습니다(행 16:6~7). 그러나 바울은 한 마케도니아 사람이 와서 도와달라고 자신에게 애원하는 환상을 보았습니다(행 16:9). 이 환상 때문에 제자들은 항해했고, 마침내 마케도니아에 도착했습니다. 하나님은 그들을 위한 계획이 있으셨고, 그분의 뜻을 성취하실 것입니다.

마침내 바울 일행은 마케도니아(마게도냐)에 도착했습니다. 제자들은 하나님이 큰 권능으로 일하시리라고 기대했을 것입니다. 그런데 며칠이 지나도록 어떤 극적인 표적이나 능력이나 회심이 일어나는 것을 보지 못했습니다. 그들이 잘못 들었던 것일까요? 그들이 받은 환상은 상상력이 빚어낸 거짓 환상이었을까요? 그들의 머릿속에는 수많은 생각이 지나갔을 것입니다.

바울을 비롯한 제자들은 실망하는 대신에 새로운 도시에서 일상생활을 하면서 안식일에 참석할 회당을 찾았습니다. 회당은 최소 열 명 이상의 유대인 남자가 참여해야 했습니다. 그 수가 부족했기에 한 무리의 여자들이 기도하기 위해 도시 밖 강가에 모였습니다. 그들을 발견한 바울과 제자들은 그들과 대화를 나누기 위해서 자리에 앉았습니다.

그곳에서 제자들은 루디아라는 한 여인을 만났습니다. 하나님이 제자들을 마케도니아로 보내신 이유 중의 하나는, 아니 어쩌면 유일한 이유는 바로 이 여인을 복음으로 변화시키기 위해서였습니다. 그러고 나서 연쇄 반응이 일어났습니다.

주님이 이 여성 사업가의 마음을 여셨고, 그녀는 복음을 받아들였습니다. 그녀의 온 가족이 세례를 받았고, 그녀는 제자들을 집에 초대하여 묵게 했습니다. 이것은 하나님의 섭리였습니다. 왜냐하면, 바울과 실라는 감옥에서 풀려난 후에 곧바로 루디아의 집에 갔다가 그곳을 떠나기 전에 믿음의 형제자매들을 만나 보고 격려했기 때문입니다(행 16:40). 루디아는 복음을 흘려 듣거나 외면하지 않았고, 하나님은 제자들을 돌보고 축복하기 위해 그녀를 사용하셨습니다.

복음이 누군가를 깊이 변화시켜 주변 사람들에게까지 영향을 미치는 것을 본 적이 있나요?

귀신 들렸던 여종을 향해

이어서 제자들은 미래를 예언하는 특별한 능력을 가진 여종을 만났습니다. 그녀는 그 능력 탓에 많은 사람의 구경거리가 되었을 것입니다.

[16]우리가 기도하는 곳에 가다가 점치는 귀신 들린 여종 하나를 만나니 점으로 그 주인들에게 큰 이익을 주는 자라 [17]그가 바울과 우리를 따라와 소리 질러 이르되 이 사람들은 지극히 높은 하나님의 종으로서 구원의 길을 너희에게 전하는 자라 하며 [18]이같이 여러 날을 하는지라 바울이 심히 괴로워하여 돌이켜 그 귀신에게 이르되 예수 그리스도의 이름으로 내가 네게 명하노니 그에게서 나오라 하니 귀신이 즉시 나오니라 [19]여종의 주인들은 자기 수익의 소망이 끊어진 것을 보고 바울과 실라를 붙잡아 장터로 관리들에게 끌어갔다가 [20]상관들 앞에 데리고 가서 말하되 이 사람들이 유대인인데 우리 성을 심히 요란하게 하여 [21]로마 사람인 우리가 받지도 못하고 행하지도 못할 풍속을 전한다 하거늘 [22]무리가 일제

히 일어나 고발하니 상관들이 옷을 찢어 벗기고 매로 치라 하여 [23]많이 친 후에 옥에 가두고 간수에게 명하여 든든히 지키라 하니 [24]그가 이러한 명령을 받아 그들을 깊은 옥에 가두고 그 발을 차꼬에 든든히 채웠더니(행 16:16~24)

바울은 예수님 안에서 그에게 주어진 권위를 행사하여 귀신에게 여종을 떠나라고 명령했습니다. 여종의 주인은 여종이 자유를 얻게 된 일을 축하해 주기는커녕 그녀를 통해 얻던 수익을 잃게 된 것에 대해 화를 냈습니다. 귀신과 함께 그들의 돈벌이도 사라졌기 때문입니다. 그래서 여종의 주인은 바울과 실라를 성의 관리 앞으로 끌고 갔고, 하나만 걸리라는 마음으로 그들에 대한 몇 가지 혐의를 제기했습니다.

귀신 들린 여종과 루디아는 흥미로운 대조를 이룹니다. 아마도 루디아는 상당한 재력을 갖춘 장사꾼이었을 것이고, 예수님에 관해서 듣기를 간절히 바랐을 것입니다. 바울이 복음을 전하고 그녀의 삶에 영향을 끼치는 것은 쉬운 일이었을 것입니다.

그와 반대로 여종은 가진 것이 아무것도 없었습니다. 자유마저 없었습니다. 그녀는 하나님을 예배하지도 않고, 하나님을 찾지도 않는 사람이었을 것입니다. 그녀가 사람들의 큰 관심을 받았겠지만, 대부분은 두려워하며 그녀에게 접근하지 못했을 것입니다.

이처럼 서로 완전히 다른 두 사람에게 같은 것이 필요했습니다. 바로 예수님을 통한 구원이었습니다. 구원에서 아무도 제외시켜서는 안 된다는 점과 상대방이 누구이건 상관없이 우리는 그의 필요를 채우기 위해서 하나님의 도구가 될 준비가 되어 있어야 한다는 점을 여종은 상기시켜 줍니다.

> 잃어버린 영혼들을 먹이려면,
> 집의 안락함과 침대의 편안함을 버리고 모든 것에서 떠나십시오.
> 영광의 주님은 이것을 위해서 하늘나라를 떠나셨습니다.
> 제자는 스승과 같아지는 것으로 충분합니다.
> 로버트 머레이 맥체인 Robert Murray McCheyne

로마 제국의 간수를 향해

마지막 단락에서는 하나님이 우리 앞에 누구를 두시든지, 어떤 환경이나 상황 속에서도 신실하게 복음을 전할 자세가 되어 있는 것이 얼마나 중요한지를 살펴볼 것입니다.

[25]한밤중에 바울과 실라가 기도하고 하나님을 찬송하매 죄수들이 듣더라 [26]이에 갑자기 큰 지진이 나서 옥 터가 움직이고 문이 곧 다 열리며 모든 사람의 매인 것이 다 벗어진지라 [27]간수가 자다가 깨어 옥문들이 열린 것을 보고 죄수들이 도망한 줄 생각하고 칼을 빼어 자결하려 하거늘 [28]바울이 크게 소리 질러 이르되 네 몸을 상하지 말라 우리가 다 여기 있노라 하니 [29]간수가 등불을 달라고 하며 뛰어 들어가 무서워 떨며 바울과 실라 앞에 엎드리고 [30]그들을 데리고 나가 이르되 선생들이여 내가 어떻게 하여야 구원을 받으리이까 하거늘 [31]이르되 주 예수를 믿으라 그리하면 너와 네 집이 구원을 받으리라 하고 [32]주의 말씀을 그 사람과 그 집에 있는 모든 사람에게 전하더라 [33]그 밤 그 시각에 간수가 그들을 데려다가 그 맞은 자리를 씻어 주고 자기와 그 온 가족이 다 세례를 받은 후 [34]그들을 데리고 자기 집에 올라가서 음식을 차려 주고 그와 온 집안이 하나님을 믿으므로 크게 기뻐하니라

(행 16:25~34)

하나님은 우리의 주목을 끄시기 위해 때로는 크고 시끄럽고 색다른 정황을 연출하시기도 합니다. 사실, 어떤 사람들은 이런 상황을 경험해야만 자신이 오랫동안 붙들고 있던 신념이나 확신을 재점검하게 됩니다.

간수는 잠에서 깨어 감옥의 문이 열린 것을 보자, 이제 자신은 죽은 목숨이라고 생각했습니다. 근무하던 자신이 잠이 든 바람에 그새 모든 죄수들이 도망쳤다고 생각했으니까요. 로마의 간수들은 죄수들에 관해 개인적으로 책임을 져야 했는데, 죄수가 도망가면 처형당할 수도 있었습니다. 그러나 아직 그만 모를 뿐 한 사람도 도망가지 않고 모두 옥에 남아 있었습니다. 아무도 도망치지 않았다는 사실을 깨달은 간수의 마음에 변화가 일어났습니다. 하나님이 실재하신다는 사실과, 바울과 실라가 그 하나님을 알고 있다는 사실을 깨달았습니다. 어쩌면 간수는 이전에 바울과 실라가 도시에서 설교하는 것을 들었을지도 모릅니다. 아니면 그들의 이타적인 삶과 기회가 주어졌는데

도 도망치지 않는 모습을 보았기 때문일지도 모릅니다. 어쩌면 바울과 실라가 자기 생명을 귀중히 여겨 주었기 때문일 수도 있고, 아니면 찬송을 들으면서 잠들었기 때문일 수도 있습니다. 무엇이 그를 자극했든지 간에 하나님이 역사하셨던 것이 분명하고, 바울과 실라는 여기에 반응할 준비가 되어 있었습니다.

간수와 만난 바울과 실라의 모습을 통해, 예상하지 못한 상황에서 하나님의 능력을 경험한 사람에게 복음을 전할 준비가 되어 있는 사람의 본보기를 보게 됩니다. 간수는 의심할 여지 없이 일상적인 하루를 기대했을 것입니다. 분명히 그는 하나님이 자신의 인생을 뿌리부터 흔들어 놓으시고 그와 그의 온 가족을 영원히 변화시켜 주시리라고는 꿈에도 생각하지 못했을 것입니다.

알짬 교리 99

신자의 새로운 정체성

그리스도를 믿는 사람은 근본적인 정체성의 변화를 경험합니다. 하나님의 진노 아래 원수였던 사람이(엡 2:1~3) 하나님의 권속인 사랑받는 자녀의 신분으로 변화되는 것입니다(엡 2:19). 그리스도를 믿는 사람은 그리스도의 대속적 죽음과 부활에 근거하여 의롭다 칭함을 받게 됩니다. 더 이상 그 사람은 과거의 실패나 현재의 애쓰는 것으로 규정되는 죄의 노예가 아닙니다. 그는 흑암의 권세에서 건져져 이제 빛의 나라에 속하게 되었습니다(골 1:13). 누구든지 그리스도 안에 있으면 '새로운 피조물'입니다. 이전의 죄악된 자아는 지나갔고, 구원을 받은 새 자아가 살아나 그리스도를 닮아 갑니다(고후 5:17).

그리스도와의 연결

복음은 다양한 사람에게 다양한 방식으로 전해집니다. 바울과 실라는 빌립보에서 그들의 증언을 통해서 다양한 사회적, 경제적 배경을 가진 사람들이 회심하고 믿음으로 나오는 광경을 목도했습니다. 그들의 메시지는 모든 사람에게 한결같았습니다. "주 예수를 믿으라 그리하면 너와 네 집이 구원을 받으리라"(행 16:31).

YOUR STORY

하나님이 들려주시는 이야기는 오늘을 사는 나와 늘 연결되어 있습니다. 아래 질문에 답하면서 성경 이야기가 내 이야기와 어떻게 연결되는지 생각해 봅시다.

▶ 오늘날 사람들을 흔히 '종으로 만드는' 것에는 무엇이 있을까요? 종의 신분에서 자유롭게 된 사람의 모습은 어떠할까요?
사람들을 종으로 만드는 것에는 인기, 정보, 능력, 돈, 외모, 관계 등이 포함될 수 있습니다.

▶ 우리가 쉽게 무시하는 사람들은 누구인가요? 무시하는 이유는 무엇인가요? 그들에게 관심을 가지는 정도가 아니라 그들의 삶에 다가가 복음에 대한 소망을 심어 주기 위해서 우리가 할 수 있는 일은 무엇일까요?
가난한 자들이나 자기와 다른 사람들이나 교사들을 간과하곤 합니다.

▶ 인생의 어떤 영역에서 자유로워지고 싶나요?
이 질문에 관한 대답은 다양할 것입니다.

▶ 바울과 실라가 옥중에서 보여 준 행동(기도, 찬양 등)은 그들의 믿음에 관해 무엇을 말해 주나요? 그들의 이야기를 통해 배울 점은 무엇인가요?
그들은 그들이 처한 상황이 아닌 하나님이 누구신지에 근거해서 하나님을 신뢰하고 경배했습니다.

하나님의 이야기
하나님이 그분의 아들
예수 그리스도를 통해
우리를 구속해 주신 이야기

우리의 이야기
우리의 이야기가
하나님의 이야기와
만나는 곳

YOUR MISSION

생 각

루디아의 이야기를 통해 하나님은 위대한 기적이나 많은 수의 사람에게만 관심을 두시는 분이 아님을 알 수 있습니다. 하나님은 아주 작은 것에도 관심을 기울이시며, 한 사람 한 사람의 삶에 깊이 관여하십니다. 우리도 하나님처럼 행해야 합니다. 우리는 많은 사람을 가르치고 그리스도께로 인도하는 데에 자신이 쓰임 받기를 바랍니다. 이것은 잘못된 것이 아니긴 하지만 자칫 복음을 놓치게 하는 유혹이 됩니다. 그렇기 때문에 우리는 복음을 듣고 응답할 준비가 되어 있는 한 사람을 찾아낼 필요가 있습니다.

- **개인 사역보다 대중 사역을 더 귀중하게 여기기 쉬운 이유는 무엇인가요?**
  예를 들어, 대중 사역이 더 영향력 있고 더 유용하게 보내는 것처럼 느껴지며, 듣는 사람이 많으면 많을수록 자기 자신이 더 중요하게 느껴지기 때문입니다.

- **두 사역이 모두 중요한 이유는 무엇일까요?**
  대중 사역은 한 번에 많은 사람에게 복음을 전할 수 있는 것이 특징입니다. 개인 사역은 제자 훈련을 중심으로 개인의 영적 성장을 돕는 것이 특징입니다.

마 음

간수에게 일어난 일은 지금 우리 주변에서도 얼마든지 일어날 수 있습니다. 지진이 일어나지는 않더라도 다양한 방식으로 벌어지는 일에 사람들은 동요합니다. 간수가 그랬듯이, 많은 사람이 절망적인 일을 겪거나 절망적인 소식을 접하곤 합니다. 여러분은 복음을 소망하며 나아갈 준비가 되어 있나요? 어떤 사람들은 복음의 문을 여는 무엇인가를 듣거나 보거나 경험합니다. 지금 하던 일을 잠시 멈추고, 예수님을 그들에게 전할 준비가 되어 있나요?

- **복음을 말이 아닌 삶으로 전하기 위해서 어떤 노력을 기울이고 있나요?**
  이 질문에 관한 대답은 다양할 것입니다.

- **이것이 중요한 이유는 무엇인가요?**
  바울과 실라가 끔찍한 상황에서도 하나님을 찬양했던 것처럼, 하나님을 믿고 의지하는 마음에서 행동이 우러나야 합니다. 자신을 드러내기 위해서가 아니라 하나님의 신실하심과 주님 안에서 발견하는 기쁨을 드러내기 위해서 말입니다.

행 동

우리는 종종 복음을 다른 사람과 나누는 대신에 혼자만 알고 있으려고 합니다. "다른 사람에게 복음을 전하려면, 먼저 믿음이 깊어져야 해"라거나 "변증법을 배워야 복음을 전하지"라고 말하곤 합니다. 성경을 더 깊이 이해하고, 사람들과 복음에 관해 논쟁하는 법을 배우는 것도 중요하지만, 믿지 않는 학우나 친구나 가족과 단순히 좋은 관계를 쌓는 것도 중요합니다. 그들 앞에서 복음대로 살고, 복음을 나눌 기회를 달라고 기도하세요.

- **이 이야기를 통해 복음을 전하는 사명을 감당할 용기를 얻을 수 있었나요?**
  이 질문에 관한 대답은 다양할 것입니다.

- **이번 주에 복음을 전하고 싶은 사람이 있다면 누구인가요?**
  이 질문에 관한 대답은 다양할 것입니다.

다음 모임까지
누가복음 10장;
요한복음 7:1~11:54을
읽어 보세요.

11

알아들을 수 있게 전해 줘

요 약

아덴 사람들과 교류하던 바울의 방법을 주의 깊게 살펴볼 필요가 있습니다. 바울은 문화마다 다르게 복음을 전해야 함을 깨달았고, 아덴 사람들과의 논쟁에서 성경적 관점과 헬라적 관점 사이의 접촉점을 찾았습니다. 그리고 첫째 아담으로부터 만국이 비롯되었고, 둘째 아담이신 예수 그리스도께서 만국을 심판하시리라고 선언했습니다. 그가 전한 메시지의 초점은 부활하신 예수님이고, 회개였습니다. 담대하면서도 민감하게 복음을 전하기 위해서는, 바울처럼 문화에 가득한 우상 숭배에 대해 고민해야 합니다. 11과를 마칠 무렵에는 이 세상에 살면서도 세상에 속하지 않는다는 말의 의미를 깨닫게 될 것입니다.

성 경

사도행전 17장 16~33절

HIS STORY

가스펠 프로젝트

포 인 트	복음은 문화가 달라도 쉽게 이해할 수 있는 방식으로 제시되어야 한다.
등 장 인 물	바울(히브리어 이름은 '사울'임. 지독한 박해자에서 그리스도의 제자이자 사도로 변화됨. 이방인의 사도로 유명함)
메시지 좌표	이번 과에서는 소위 '복음 전도 전략'에 관해 살펴볼 것입니다. 사도행전에는 복음 메시지를 듣고 받아들이거나 거절했던 만남이 여러 차례 등장합니다. 그러나 이러한 만남이 이루어졌던 당시의 문화는 우리가 살고 있는 지금의 문화와 여러 면에서 비슷합니다.

도 입 5~10분

교회사를 보면, 악한 세상과 최대한 멀리 떨어져 있어야 한다고 믿었던 사람들이 있습니다. 그런 사람들을 흔히 금욕주의자라고 부릅니다. 그 결과, 많은 사람이 광야에서 살았고, 그 시대 우상들로부터 자신을 보호하기 위해 수도원 공동체를 만들었습니다. 어떤 이들은 몸을 유혹과 악의 근원으로 여기고, 자기 몸을 죽이기 원하기도 했습니다. 어떤 행동을 절제할 수 있도록 자신을 학대했다는 뜻입니다.

그리스도인들이 주변 문화를 어떻게 대해야 하는지에 관해 오랫동안 많은 사람이 다양한 의견을 제시해 왔습니다. 어떤 사람들은 금욕주의자들처럼 문화를 피하라고 말했고, 그와 반대로 어떤 사람들은 문화에 푹 빠져 보라고 했지만 둘 다 잘못된 접근법입니다. 그리스도인에게 합당한 반응은 문화에 참여하는 것입니다. 다른 사람들이 그리스도를 좇아 변화될 것을 소망하며 문화에 참여해야 합니다. 문화로부터 달아나거나 문화에 완전히 사로잡히는 것이 아니라 주변 사람들에게 소금과 빛이 되어 살아가야 합니다. 이것이 바로 사도행전 17장에서 살펴볼 내용입니다.

▶ 어떻게 하면 그리스도인이 기독교 세계관으로 문화에 참여할 수 있을까요?

우상이 가득한 도시에서

students 바울은 데살로니가와 베뢰아의 유대인 회당에서 복음을 전파한 후에, 우상으로 가득한 지식과 종교의 중심지인 아덴에 도착했습니다.

students 바울이 아덴에서 그들을 기다리다가 그 성에 우상이 가득한 것을 보고 마음에 격분하여

(행 17:16)

students 바울이 전에 경험했던 우상 숭배 도시들과 아덴은 차원이 달랐습니다. 그래서 바울이 "그 성에 우상이 가득한 것을 보고 마음에 격분"(행 17:16)했습니다. 바울은 시험공부 하는 것을 잊어버려서 걱정하는 십 대처럼 근심하지 않았습니다. 그는 아덴의 우상들이나 우상들의 수를 두려워하지 않았습니다. 오히려 도시 안에 그토록 많은 우상이 있다는 사실로 근심했습니다. 이로 인

해 바울은 실라와 일행이 도착하기도 전에 회당과 장터에서 복음을 나누기 시작했습니다.

바울은 도시에 우상이 가득한 사실을 어떻게 알았을까요? 여행 안내 책자를 읽어 보았을까요? 마을 회관의 안내문을 읽었을까요? 아니면 인터넷에서 아덴을 검색해 보았을까요?

아닙니다. 바울은 그 도시를 연구했습니다. 도시를 두루 다니면서 그들의 문화를 관찰했습니다. 주위 환경이 그의 눈에 들어오기 시작했습니다. 그는 못 본 체하고 도망치거나 더 안전한 곳으로 돌아가는 대신에 도시의 우상 숭배를 한껏 슬퍼했습니다. 그는 성령님이 자신의 마음을 움직여 주시도록 열린 마음이 됨으로써 다음 사역에 필요한 기초를 다졌습니다.

오늘날 우리 도시에는 어떤 우상들이 있나요?

우리 문화에서 볼 수 있는 수많은 우상에 관해 어떻게 생각하나요? 사람들을 예수님께 인도하려면 어떤 일을 해야 할까요?

내 마음을 열어 봐

주님이 바울로 하여금 근심하게 하시고 그의 눈을 열어 도시의 우상 숭배와 잃어버린 사람들을 바라보게 하셨습니다. 그러자 그는 실라와 일행이 도착하기를 기다리는 대신에 아덴 사람들과 토론하기 위해서 일어나 회당과 장터로 나갔습니다. 바울은 그들이 이해할 수 있는 방식으로 복음을 전했습니다.

[17]회당에서는 유대인과 경건한 사람들과 또 장터에서는 날마다 만나는 사람들과 변론하니 [18]어떤 에피쿠로스와 스토아 철학자들도 바울과 쟁론할새 어떤 사람은 이르되 이 말쟁이가 무슨 말을 하고자 하느냐 하고 어떤 사람은 이르되 이방 신들을 전하는 사람인가보다 하니 이는 바울이 예수와 부활을 전하기 때문이러라 [19]그를 붙들어 아레오바고로 가며 말하기를 네가 말하는 이 새로운 가르침이 무엇인지 우리가 알 수 있겠느냐 [20]네가 어떤 이상한 것을 우리 귀에 들려주니 그 무슨 뜻인지 알고자 하노라 하니 [21]모든 아덴 사람

과 거기서 나그네 된 외국인들이 가장 새로운 것을 말하고 듣는 것 이외에는 달리 시간을 쓰지 않음이더라 [22] 바울이 아레오바고 가운데 서서 말하되 아덴 사람들아 너희를 보니 범사에 종교심이 많도다 [23] 내가 두루 다니며 너희가 위하는 것들을 보다가 알지 못하는 신에게라고 새긴 단도 보았으니 그런즉 너희가 알지 못하고 위하는 그것을 내가 너희에게 알게 하리라 [24] 우주와 그 가운데 있는 만물을 지으신 하나님께서는 천지의 주재시니 손으로 지은 전에 계시지 아니하시고 [25] 또 무엇이 부족한 것처럼 사람의 손으로 섬김을 받으시는 것이 아니니 이는 만민에게 생명과 호흡과 만물을 친히 주시는 이심이라 [26] 인류의 모든 족속을 한 혈통으로 만드사 온 땅에 살게 하시고 그들의 연대를 정하시며 거주의 경계를 한정하셨으니 [27] 이는 사람으로 혹 하나님을 더듬어 찾아 발견하게 하려 하심이로되 그는 우리 각 사람에게서 멀리 계시지 아니하도다 [28] 우리가 그를 힘입어 살며 기동하며 존재하느니라 너희 시인 중 어떤 사람들의 말과 같이 우리가 그의 소생이라 하니 [29] 이와 같이 하나님의 소생이 되었은즉 하나님을 금이나 은이나 돌에다 사람의 기술과 고안으로 새긴 것들과 같이 여길 것이 아니니라 [30] 알지 못하던 시대에는 하나님이 간과하셨거니와 이제는 어디든지 사람에게 다 명하사 회개하라 하셨으니 [31] 이는 정하신 사람으로 하여금 천하를 공의로 심판할 날을 작정하시고 이에 그를 죽은 자 가운데서 다시 살리신 것으로 모든 사람에게 믿을 만한 증거를 주셨음이라 하니라 (행 17:17~31)

바울은 아덴 사람들과 논쟁할 때 그들이 자신처럼 독실한 유대교인이 된 후에야 기독교로 개종하여 믿음에 이르게 되리라고는 기대하지 않았습니다. 그 대신에 그들의 세계관과 그들이 알고 있던 것으로부터 말하기 시작했고, 차차 그들에게 복음을 전할 수 있는 기초를 다져 나갔습니다.

아덴 사람들은 바울에게 많은 군중 앞에서 복음을 전할 기회를 주었습니다. 이에 바울은 그들이 진리를 찾고 탐구하려고 애쓰는 점을 칭찬했습니다 (행 17:20). 메시지를 설명하기 위해서 아레오바고로 이동한 바울은 그가 목격한 선을 긍정하면서 연설하기 시작했습니다. 바울은 아덴 사람들의 종교심과 그들의 인생이 '지금 여기'보다 크다는 사실을 이해한다는 점을 칭찬했습니다. 바로 이 지짐에서, 바울은 그들이 섬기는 알지 못히는 신에 관해 언급하면서 하나님이 누구신가에 관한 진리를 가르쳤고, 아덴 문화의 신이란 개념에서 성경적인 진리로 전환했습니다.

바울은 그들에게 복음을 전하기에 앞서 자신이 그들의 처지를 이해한다는 사실을 알리고 싶었습니다. 바울은 그들의 믿음을 비판하기에 앞서 자신이 그들의 방식에 대해 무지하지 않다는 점을 설명하고 싶었습니다. 그는 그들이 한 번도 들어보지 못한 하나님을 소개하는 대신에, 그들이 이미 그들의 믿음 체계에 무엇인가가 결여되었다는 사실을 알고 있다는 점을 꼬집었습니다. 그렇지 않다면 '알지 못하는 신'에게 단을 새길 이유가 없죠.

바울은 그 점에서부터 복음을 전하기 시작했습니다. 그가 이것을 어떻게 했는지 주목해 보세요. 그는 사람의 손으로 만든 우상이 필요 없다는 사실을 나누면서 시작했습니다. 결국, 자기 손으로 만들 수 있는 신을 섬기고 싶은 사람은 없습니다. 바꾸어 말하자면, 바울은 성경이 말하는 하나님의 존재와 자족하심을 선언했던 것입니다.

바울은 아덴 곳곳에 널려 있는 허다한 우상이 무의미하며 쓸모없다고 말하며 그들을 꾸짖었습니다. 이와 반대로 참된 신성은 거룩한 동시에 우리를 초월하며 전지하고 전능하며 개인적이고 친밀합니다. 아덴 사람들은 이런 하나님을 경배하고 흠모하도록 지어졌습니다.

이는 21세기에 살고 있는 우리에게도 해당합니다. 상투적인 말로 들리겠지만, 우리 각자의 마음에는 하나님만이 만족을 주시고 채워 주실 수 있는 공간이 있습니다. 세상은 성, 명성, 돈, 재산, 마약, 알코올 등 우리가 만든 우상을 통해서 인생의 공허함을 스스로 메울 수 있다고 믿게 합니다. 그러나 이것들로는 결코 마음의 공간을 메울 수 없습니다. 이것들은 단지 현재의 사당(우상)에 불과합니다. 우리에게 참 만족을 주시는 분은 세상을 창조하고 보존하시는 살아 계신 참 하나님이시지 우리가 만들어 낸 우상이 아닙니다.

> 한 손에는 성경을,
> 다른 한 손에는 신문을 드십시오.
> 그러나
> 성경으로 신문을 해석하십시오.
> 칼 바르트 Karl Barth

대화의 시작이 희망이야

바울은 그들 문화의 좋은 점을 인정함으로써 나쁜 점을 나무랄 기회를 얻었습니다. 그리고 결국에는 그들에게 복음의 진리를 선포할 기회도 얻게 되었습니다.

[32]그들이 죽은 자의 부활을 듣고 어떤 사람은 조롱도 하고 어떤 사람은 이 일에 대하여 네 말을 다시 듣겠다 하니 [33]이에 바울이 그들 가운데서 떠나매(행 17:32~33)

아덴 사람들의 반응은 다양했습니다. '부활'은 그들 문화에서 말도 안 되는 개념이었기 때문에 바울을 조롱하는 사람도 있었습니다. 하나님과 상관없이 살던 사람들에게 복음을 전할 때는 결과를 하나님께 맡겨야 합니다(고전 3:5~9). 복음을 거부하고 조롱하며 비웃는 사람들을 대하는 최선의 대응은 대화를 멈추고 그들을 위해 중보 기도하는 것입니다. 하나님이 그들의 마음을 부드럽게 하여 복음의 진리를 듣게 해 주시며, 그들로 하여금 복음의 진리에 무릎 꿇게 해 주시기를 기도해야 합니다.

사람들에게 복음을 전하고 나누다 보면, 아덴 사람들처럼 계속해서 토론을 이어 가고, 질문하기를 원하는 사람을 만나게 될 것입니다. 그런 경우에는 질문을 받고 성심성의껏 답변해 주세요. 만약 어떻게 답변해야 할지 모르겠다면, 그들과 함께 탐구해 나가세요. 이런 과정이 여러분 삶의 일부가 되게 하세요. 그러나 그것은 언제나 성경에서 시작하고, 성경으로 끝나는 여정이 되어야 합니다. 그러면 하나님의 진리가 길을 인도하시고, 대화를 이끌어 주실 것입니다.

충실하고 지속적으로 사람들에게 복음을 전한다면, 하나님이 많은 사람을 변화시키시는 모습을 목격하게 될지도 모릅니다. 이런 일이 일어난다면 처음부터 제자 훈련을 받을 수 있는 지역 교회에 나갈 수 있도록 이끌어 주세요. 성경 공부 모임에 그들을 초대하고, 그들이 교회 생활에 참여할 수 있게 도와주며, 그들과 일대일로 만나야 합니다.

알짬 교리 **99**

전도

모든 민족을 제자로 삼는 것은 모든 그리스도인과 모든 교회의 의무이자 특권입니다. 하나님의 성령으로 영이 거듭났다는 것은 다른 사람들을 사랑하는 사람으로 거듭났다는 뜻입니다. 따라서 모든 그리스도인이 행하는 선교적 노력은 거듭난 사람이 행하여야 하는 필수적인 영적 생활에 근거하며, 그리스도의 가르침 속에 분명히 그리고 반복적으로 나타나는 명령입니다. 예수님은 모든 민족에 복음을 전하라고 말씀하셨습니다. 그리스도인의 삶의 모습을 보여 주고, 말로 증언함으로써, 잃어버린 자들을 그리스도께 인도하고자 끝없이 노력하는 것은 모든 하나님의 자녀에게 주어진 의무입니다.

그리스도와의 연결

students

바울은 아덴 사람들과 논의하면서 성경적인 세계관과 헬라 문화 사이의 유사점들을 발견했습니다. 그리고 나서 만국이 첫째 아담에게서 비롯되었으며, 둘째 아담이신 예수 그리스도에게서는 심판을 받게 되리라고 선포했습니다. 바울의 메시지는 부활하신 예수님에게 초점이 맞추어졌고, 회개를 향한 열렬한 호소를 담고 있었습니다.

> 하나님은 나와 당신 같은 평범한 사람들을 통해서
> 그분의 자녀들을 성숙하게 하시고,
> 세상에 영향을 끼치는 제자들로 만드십니다.
> 이것은 이해하기 힘든 내용입니다.
> 우주의 하나님이
> 누군가를 자신과 더욱더 닮아 가는 인물로 만드는데
> 우리를 이 땅에서 가장 유용한 도구로 쓰신다는 사실은
> 이해할 수 있는 범위를 벗어나는 신비입니다.
> 그럼에도 불구하고 하나님은 바로 이 방법을 쓰십니다.
>
> 필립 네이션 & 릭 호워튼 Philip Nation and Rick Howerton

YOUR STORY

하나님이 들려주시는 이야기는 오늘을 사는 나와 늘 연결되어 있습니다. 아래 질문에 답하면서 성경 이야기가 내 이야기와 어떻게 연결되는지 생각해 봅시다.

▶ 바울이 담대한 태도로 아덴 철학자들을 대할 수 있었던 까닭을 생각해 보고, 앞으로 어떤 태도로 복음을 전하는 사명을 감당할지에 대해 이야기해 봅시다.
예를 들어, 복음을 더욱 담대하게 전하겠다든지, 다양한 반응에 대비하겠다든지, 상대방의 지식을 이용하여 복음을 전하겠다는 이야기를 나눌 수 있을 것입니다.

▶ 하나님의 자녀는 세상에 살면서도 세상에 속해서는 안 된다고 성경에서는 언급합니다 (요 17:14, 16). 이 말씀의 의미는 무엇인가요?
일상생활 속에서 다른 사람과 관계를 맺으며 살아야 하지만, 그 와중에 세상에 동화되어서는 안 됩니다.

▶ 우리가 씨를 뿌리고 물을 준다 해도 궁극적으로 자라게 하시는 분은 하나님입니다. 우리는 최대한 많은 씨를 뿌려야 합니다. 어떻게 하면 일상생활에서 규칙적으로 복음의 씨를 뿌릴 수 있을까요?
바울처럼 대화의 출발점을 찾거나, 우정을 쌓거나, 의미 있는 질문을 던지는 등의 방법을 통해 전도를 생활화할 수 있습니다.

▶ 복음을 믿고 예수 그리스도를 자신의 구주로 받아들이고 나면 그다음 단계는 무엇일까요? 제자 훈련은 어떻게 이루어지고, 무엇부터 배우게 될까요?
다음 단계는 지역 교회에 합류하는 것이고, 성경 공부 모임에 참여하여 영적 훈련을 받게 될 것입니다.

하나님의 이야기
하나님이 그분의 아들
예수 그리스도를 통해
우리를 구속해 주신 이야기

우리의 이야기
우리의 이야기가
하나님의 이야기와
만나는 곳

YOUR MISSION

생 각

존 번연은 말했습니다. "그것은 마음이 상하는 일입니다. … 그래서 비탄한 심정이 됩니다. 그러나 마음이 상하지 않고는 구원도 없습니다. 회심은 어떤 사람들이 생각하듯이 순조롭고 느긋한 과정이 아닙니다." 번연도 바울처럼 복음 전도가 암송 구절 몇 개를 반복하는 것 이상의 의미를 가진다는 사실을 알았습니다. 복음을 전하려면, 주변 문화도 연구하여 진리를 전할 최선의 전략을 짜야 합니다.

- **영화, 음악, 인터넷 등 문화적인 요소들을 통해서 사람들과 어떻게 연결될 수 있을까요?**
  사람들에게 복음을 전할 때, 손쉽게 사용할 수 있는 문화 매체가 몇 가지 있습니다. 선하고 바른 삶에 관한 영화나 노래 등을 예로 들 수 있습니다. 그리스도인은 복음에 관해 질문을 던져야 하며, 친구들과 깊은 대화를 할 수 있어야 합니다.

- **그리스도를 위해 영향을 미칠 수 있도록 문화를 연구하는 것이 중요한 이유는 무엇인가요?**
  문화를 연구하고 앎으로써 그리스도의 메시지로 문화를 변화할 기회를 얻을 수 있고, 그렇게 함으로써 주변 사람을 진심으로 대하고 있음을 보여 줄 수 있습니다.

마 음

오늘날 우리 문화에서도 아덴과 같은 우상이 문제가 됩니다. 사람들이 절하고 경외하는 조각품은 아닐지라도 여전히 우리를 둘러싼 채 마음 깊은 곳에 숨어 있습니다. 카일 아이들먼은 말했습니다. "우상 숭배는 많은 죄 가운데 하나가 아니라 다른 모든 죄의 원천이 되는 최고의 죄입니다. 따라서 우리가 겪고 있는 문제들을 파헤쳐 보면, 그 밑바탕에는 거짓 신이 도사리고 있음을 발견할 수 있습니다. 우상을 물리치고 그 자리에 주 하나님을 모시기 전에는 승리할 수 없습니다. 우상 숭배는 사소한 문제가 아니라 중요한 핵심 쟁점입니다."

- **여러분의 도시는 우상으로 가득한가요? 어떤 우상이 있나요?**
  이 질문에 관한 대답은 다양할 것입니다.

- **여러분이 씨름하고 있는 마음속 우상은 어떤 것인가요? 복음은 우상에 빠진 마음에 어떤 변화를 줄 수 있을까요?**
  이 질문에 관한 대답은 다양할 것입니다.

행 동

복음이 무엇인지 알아도 그것을 다른 사람에게 전하지 못하는 그리스도인들이 많습니다. 복음은 단지 알고만 있는 것이 아니라 나누어야 하는 것입니다. 그러니 이웃에 있는 잃어버린 자들을 위해서 기도하세요. 그들을 만나고, 그들과 친분을 쌓으면서 말과 행동으로 그들에게 복음을 전할 기회를 찾으세요.

- **하나님을 잘 모르는 친구, 이웃, 가족과 영적인 대화를 어떻게 시작하면 좋을까요? 예를 들어 보세요.**
  이 질문에 관한 대답은 다양할 것입니다.

- **회개하며 살아가는 것은 주님을 믿지 않는 세상에 복음의 능력을 어떻게 보여 주나요? 어떻게 하면 회개의 삶을 살 수 있을까요?**
  우리는 죄로 인해 상한 존재이며, 용서와 은혜가 필요하다는 사실을 보여 줍니다.

> 다음 모임까지
> 누가복음 12:1~13:30;
> 14~15을
> 읽어 보세요.

12

지금 있는 곳에서, 지금 할 수 있는 일부터

요약

바울은 제3차 선교 여행에서 복음을 전하고 교회를 강화하는 두 가지에 초점을 맞추었습니다. 유대인이든 이방인이든 상관없이 모든 사람이 복음을 듣고 그들의 인생을 변화시키시는 예수 그리스도의 능력을 경험하는 것, 이것이 바로 바울이 원하는 것이었습니다. 더 나아가 그리스도에 관해 알고 복음을 전할 수 있기를 그는 바랐습니다. 하나님은 일상생활에서 사명을 감당하도록 우리를 부르셨습니다. 우리는 다양한 직업을 토대로 복음을 전하는 방법을 배우고, 주변 사람을 지도하고 강화하는 새로운 방법을 발견하는 두 가지에 초점을 맞춤으로써 다음 세대에 신실한 유산을 남겨 줄 수 있게 될 것입니다.

성경

사도행전 18장 1~4, 24~28절; 20장 17~24절

HIS STORY

포 인 트	하나님의 모든 백성은 하나님이 그를 두신 곳에서 선교하라는 부름을 받았다.

등 장 인 물

바울(히브리어 이름은 '사울'임. 지독한 박해자에서 그리스도의 제자이자 사도로 변화됨. 이방인의 사도로 유명함)

브리스길라와 아굴라(바울을 따라 에베소로 건너가 자신의 집을 예배 처소로 내어 주었던 부부. 아볼로에게 복음의 진리를 전했음)

메시지 좌표

본문에서 우리는 인생의 매 순간마다, 모든 만남마다 복음을 전하고 교회를 세우기를 바라시는 하나님을 보게 될 것입니다. 복음을 나누는 일을 우리의 일정에 부차적으로 채우거나, 교회에서만 하려고 해서는 안 됩니다. 교실에 앉아 있을 때나 공원에서 즐거운 시간을 보낼 때나 누군가와 온라인 게임을 할 때나 언제라도 복음을 나눌 수 있습니다.

도 입   5~10분

사람들이 떠올리는 에덴동산의 풍경에는 사람과 동물의 모습이 참 많은 것 같습니다. 편안한 표정의 사자들과 느긋하게 졸고 있는 양들 사이에서 아담과 하와가 비스듬히 누워서 포도를 먹습니다. 마치 경치 좋은 곳에서 휴가를 보내는 것만 같습니다.

그러나 이러한 상상의 중심에는 하나님의 창조에 관한 심각한 오해가 있습니다. 에덴동산은 아무것도 안 하고 하루 종일 온천욕이나 즐길 수 있는 곳이 아니라 생동감 넘치고 활기찬 공동체였습니다. 아담과 하와에게는 해야 할 일이 있었기 때문에 매주 엿새 동안은 일하러 나가야 했습니다. 다른 말로 하면, 일이란 타락의 결과가 아니라 우리 유익을 위해서 하나님이 고안하신 선물과도 같은 개념이었습니다.

우리는 일을 나쁘게 생각하곤 합니다. 그뿐만 아니라 일이 우리의 '진짜' 사역에 방해가 된다고 생각합니다. 마치 사역은 교회 전임자만 할 수 있다는 듯이 말입니다. 그러나 전혀 그렇지 않습니다. 하나님은 우리가 농부이든 사업가이든 학생이든 운동선수이든 상관없이 언제나 우리 일을 다른 사람들에게 복음을 전하는 수단으로 활용하도록 의도하셨습니다. 우리는 이것을 사도 바울의 삶과 사역에서 볼 수 있습니다. 그는 선교사와 복음 설교자로 알려져 있지만, 사실 천막 만드는 사람이기도 했습니다.

▶ 여러분이 매주 감당하는 역할에는 어떤 것이 있나요(예를 들면 학생으로서, 운동 선수로서, 지망생으로서, 취미로 즐기는 영역에서 등)? 어떻게 하면 그것들을 통해 그리스도를 전할 수 있을까요?

바로 이것, 내가 하는 일로

학생에게나 목사에게나 그리스도를 알고, 그분을 전해야 하는 기본 소명이 똑같이 있습니다. 어떤 사람은 복음을 선포하도록 부름 받았고, 또 어떤 사람은 그렇지 않다고 하는 것은 잘못된 생각입니다. 그리스도를 따르는 사람은 직업을 목적으로 삼아서는 안 되고, 목적을 위한 수단으로 여겨야 합니다. 바울이 이해했던 것처럼, 하나님은 우리가 자신의 역할과 직업을 복음을 전하는 토대로 여기기를 원하십니다.

연 대 표

선교사로 살아가기
LIVING ON MISSION
바울이 일상생활을 복음을 전할 기회로 여기다.

복음으로 굳건함
STANDING STRONG
복음의 진리가 흔들릴 때 타협하지 않다.

십자가로 하나 됨
UNITY IN THE CROSS
그리스도 안에서 믿는 자들이 연합하다.

공평하게 대함
SHOWING MERCY
차별하지 않고 친절을 베풀다.

새로운 정체성
A NEW IDENTITY
택함받은 천국 시민으로서 거룩하게 살다.

행동하는 사랑
LOVE IN ACTION
하나님과 사람을 향한 사랑은 삶에서 구체적으로 나타난다.

[1]그 후에 바울이 아덴을 떠나 고린도에 이르러 [2]아굴라라 하는 본도에서 난 유대인 한 사람을 만나니 글라우디오가 모든 유대인을 명하여 로마에서 떠나라 한 고로 그가 그 아내 브리스길라와 함께 이달리야로부터 새로 온지라 바울이 그들에게 가매 [3]생업이 같으므로 함께 살며 일을 하니 그 생업은 천막을 만드는 것이더라 [4]안식일마다 바울이 회당에서 강론하고 유대인과 헬라인을 권면하니라 (행 18:1~4)

바울은 복음을 세상에 널리 전하기 위하여 아덴을 떠나 고린도로 향했습니다. 신약에서는 주로 바울의 가르침, 설교, 제자 훈련 혹은 복음 전도에 대해 언급했습니다. 그러나 간혹 그의 다른 직업인 천막 만드는 일에 대해서도 언급했습니다 (행 18:3). 바울은 그가 사역과 손으로 자기 자신과 동료들의 필요를 충당했다고 말했는데 (행 20:34), 이는 천막 만드는 일을 가리킵니다. 바울은 복음을 전하는 사람은 복음 전하는 일로 생계를 꾸릴 수 있어야 한다고 말하면서도, 정작 자신은 그 특권을 거절했습니다 (고전 9:14~15). 비록 복음을 전하는 일로 생계를 꾸리는 것이 옳고 마땅할지라도 주님이 천막 만드는 일을 통해 충당해 주셨기 때문에 바울은 자신이 "값없이"(고전 9:18) 복음을 전하도록 부름을 받았다고 계속해서 주장했습니다.

고린도에 도착한 바울은 하나님의 섭리에 따라 브리스길라와 아굴라를 만났습니다. 그들도 고린도에 최근에 새로 왔고, 천막을 만드는 일을 했습니다. 이것은 우연의 일치가 아님이 분명합니다. 바울은 자신이 천막 만드는 것과 복음을 값없이 설교할 수 있는 것에 자부심이 있었지만, 궁극적으로 그에게 일용할 양식과 모든 필요를 공급하시는 분은 하나님이심을 알고 있었습니다.

> 모든 신자는
> 전임 사역으로 부름받았습니다.
> 하나님은
> 단지 우리의 급료를
> 다양한 수단을 통해 지급해 주실 뿐입니다.
> 제프 밴더스텔트 Jeff Vanderstelt

바로 너, 널 내가 돕겠어

우리는 모든 것을 경쟁으로 여기기 쉽습니다. 슈퍼마켓에서 다른 사람보다 먼저 계산하려고 서두르거나, 친구들보다 더 높은 점수를 따려고 밤을 새기도 합니다. 대부분의 사람들은 쉴 새 없이 이런 욕구를 느끼며 승리에 중독되어 있습니다. 불행히도 우리는 이기기 위해서 다른 사람들을 짓밟아야 한다는 사실 또한 압니다. 그러나 사실, 다른 사람들이 이기게 도와줌으로써 이길 수도 있습니다.

[24]알렉산드리아에서 난 아볼로라 하는 유대인이 에베소에 이르니 이 사람은 언변이 좋고 성경에 능통한 자라 [25]그가 일찍이 주의 도를 배워 열심으로 예수에 관한 것을 자세히 말하며 가르치나 요한의 세례만 알 따름이라 [26]그가 회당에서 담대히 말하기 시작하거늘 브리스길라와 아굴라가 듣고 데려다가 하나님의 도를 더 정확하게 풀어 이르더라 [27]아볼로가 아가야로 건너가고자 함으로 형제들이 그를 격려하며 제자들에게 편지를 써 영접하라 하였더니 그가 가매 은혜로 말미암아 믿은 자들에게 많은 유익을 주니 [28]이는 성경으로써 예수는 그리스도라고 증언하여 공중 앞에서 힘있게 유대인의 말을 이김이러라

(행 18:24~28)

브리스길라와 아굴라는 아볼로를 경쟁자로 여기는 대신에 주님 안에서 형제이자 복음 사역의 동역자로 여겼습니다. 그래서 그들은 아볼로가 '승리하게' 도왔습니다. 아볼로는 요한의 세례밖에 몰랐지만, 성경을 통해서 예수 그리스도를 강력하고 능숙하게 설교했습니다. 그렇다면 아볼로가 그보다 많은 지식을 알고 있는 신자들에게 배운 후에는 더욱 탁월하게 복음을 전할 수 있을 것입니다.

우리는 사람들이 다음 단계로 나아갈 수 있도록 도와주어야 합니다. 그리스도와 더 깊은 관계로 들어가도록 인도하고, 지상 명령을 실천할 수 있도록 도와주십시오. 주님이 어떤 사람을 생각나게 하시면, 개인적으로 만나든 성경 공부 모임에 초대하든 그를 도울 수 있습니다. 어쩌면 바로 지금, 용기를 내어 성경 공부를 인도해 보라고 하나님이 부르시는지도 모릅니다. 그들이 주님께 다가갈 수 있도록 도울 때, 필요한 것을 하나님이 앞서 준비해 주실 것을 신뢰하십시오.

브리스길라와 아굴라가 아볼로를 돕는 대신에 그를 경쟁자로 여겼다면 어떤 일이 벌어졌을까요?

복음을 전하는 일에서조차 경쟁하는 것이 인간의 본성일까요?

바로 거기, 성령님과 함께라면 기꺼이

관점이 중요합니다. 평소에 잘 알고 있다고 자부했던 어떤 주제를 깊이 파고들어 보니 오히려 자신이 얼마나 무지한지를 깨달았던 적이 있나요? 그런 경험을 통해 우리는 겸손을 배웁니다.

그와 마찬가지로, 일이 잘 풀릴 때에는 모두 자신의 탁월한 계획과 선견지명 덕분이라고 생각하기가 쉽습니다. 그러나 힘든 시기가 찾아오면, 다시는 터널 끝의 빛을 보지 못할 것만 같은 절망감에 빠지곤 합니다. 사람들은 대부분 감정이나 계획이나 관점 면에서 변덕스럽습니다. 그렇기 때문에 이 이야기가 중요한 것입니다.

[17]바울이 밀레도에서 사람을 에베소로 보내어 교회 장로들을 청하니 [18]오매 그들에게 말하되 아시아에 들어온 첫날부터 지금까지 내가 항상 여러분 가운데서 어떻게 행하였는지를 여러분도 아는 바니 [19]곧 모든 겸손과 눈물이며 유대인의 간계로 말미암아 당한 시험을 참고 주를 섬긴 것과 [20]유익한 것은 무엇이든지 공중 앞에서나 각 집에서나 거리낌이 없이 여러분에게 전하여 가르치고 [21]유대인과 헬라인들에게 하나님께 대한 회개와 우리 주 예수 그리스도께 대한 믿음을 증언한 것이라 [22]보라 이제 나는 성령에 매여 예루살렘으로 가는데 거기서 무슨 일을 당할는지 알지 못하노라 [23]오직 성령이 각 성에서 내게 증언하여 결박과 환난이 나를 기다린다 하시나 [24]내가 달려갈 길과 주 예수께 받은 사명 곧 하나님의 은혜의 복음을 증언하는 일을 마치려 함에는 나의 생명조차 조금도 귀한 것으로 여기지 아니하노라(행 20:17~24)

본문을 더 잘 이해하려면 38절까지 읽으세요.

모닥불 옆에서든 버스 안에서든 아니면 캠프에서든 친구들과 나누었던 대화를 생각해 보세요. 함께 생활하거나 함께 일하거나 함께 즐기는 사람들에게 복음을 전할 기회를 모두 활용해 본 적이 있나요?

사도행전 20장 24절에 나오는 바울의 말이 어떤 의미로 다가오나요? 나역시 바울처럼 사람들에게 복음을 전하는 것이 내 생명보다도 더 중요하다고 자신 있게 말할 수 있나요? 이제 솔직해집시다. 우리는 대부분 이런 종류의 부끄러움 없는 삶을 살기에는 쾌락이나 안락이나 특권을 너무 좋아합니다. 우리는 십일조를 드리고, 교회에서 섬기며, 부활절에 이웃들에게 초대장을 보내면서 스스로 말합니다. "다른 사람들보다는 잘하잖아." 그러나 그렇지 않습니다. 이웃의 기준에 견주어 그리스도인의 삶을 판단할 수 없습니다. 우리는 성경에 견주어 자신의 삶을 들여다봐야 합니다.

왜 우리는 영적인 생활조차도 이웃과 비교하려고 할까요?

알짬 교리 99

제자도

제자도란 예수님을 따를 때 정규적으로, 그리고 비정규적으로 거치게 되는 영적 성숙의 과정을 가리킵니다. 비정규적인 과정은 신명기 6장 4~9절에서 언급된 것처럼 삶의 모든 영역에서 일어납니다. 신앙이 성숙하고 그리스도와의 동행이 깊어질수록 제자도는 마음의 변화뿐 아니라 온 삶의 변화를 요구합니다. 그런가 하면, 정규적인 과정은 일정 기간의 훈련을 통해 이루어집니다. 제자도는 말과 행동을 통해 전해집니다. 말로 하나님의 말씀을 가르치고, 행동으로 삶의 모범을 보여야 합니다(행 20:17~24).

그리스도와의 연결

사도 바울은 제3차 선교 여행을 하면서 자신이 처한 모든 상황을 기회 삼아 복음을 전하고, 교회를 굳건히 세웠습니다. 바울은 진리를 말하고, 약자를 도우며, 예배의 행위로서 후히 베풀라고 가르치신 예수님의 이타심과 은혜를 따라 살았습니다. 그의 인내심은 그를 부르신 예수 그리스도의 지극히 높으신 가치의 증거입니다.

YOUR STORY

하나님이 들려주시는 이야기는 오늘을 사는 나와 늘 연결되어 있습니다. 아래 질문에 답하면서 성경 이야기가 내 이야기와 어떻게 연결되는지 생각해 봅시다.

▶ 에베소서 4장 11~12절을 읽어 봅시다. 이 말씀은 모든 믿는 자는 자신이 하는 일(직업)을 사역처럼 해야 한다는 개념을 어떻게 지지하나요? 여러분의 미래를 생각해 볼 때, 어떤 도전을 받게 되나요?

하나님은 변호사, 근로자, 예술가, 의사, 사회복지사, 건설업자 등 다양한 직업군의 경건한 사람들을 원하십니다. 따라서 나중에 대학에서 배우는 것이 자기 소명이나 그리스도인의 사역과는 무관하다고 생각할 필요가 없습니다. 오히려 소명과 깊은 관련이 있으므로 자신이 하는 일을 사역의 수단으로 여겨야 합니다.

▶ 자신이 속한 영역과 삶의 자리에서 복음을 전하는 방법은 무엇일까요?

이 질문에 관한 대답은 다양할 것입니다.

▶ 바울이 사도행전 20장 20절에서 한 말을 어떻게 하면 우리 삶에 반영할 수 있을까요?

이 질문에 관한 대답은 다양할 것입니다.

▶ 가정에서나 학교에서나 과외 활동을 하는 곳에서 신앙의 유산을 남긴다면 어떤 것을 남길 수 있을까요?

이 질문에 관한 대답은 다양할 것입니다.

하나님의 이야기
하나님이 그분의 아들 예수 그리스도를 통해 우리를 구속해 주신 이야기

우리의 이야기
우리의 이야기가 하나님의 이야기와 만나는 곳

5~10분

생 각

아볼로 이야기는 주님이 사람들의 과거나 지식과 무관하게 누구든 사용하신다는 점에서 우리에게 용기를 줍니다. 하나님은 그분의 뜻에 언제든 어디서든 무엇이든 따르고자 하는 신실하고 겸손한 사람을 찾으십니다. 이런 자세는 예수님의 제자들과 아볼로에게서 찾아볼 수 있습니다.

- **하나님이 사람을 사용하실 때 타고난 재능보다 자원하는 마음을 먼저 보시는 이유는 무엇일까요?**
  하나님은 사역을 위한 재능과 능력을 언제든지 주실 수 있습니다. 그에 앞서, 우리 마음을 보시고, 하나님의 영광을 위해 사용되기를 원하는 우리 소망에 초점을 맞추십니다.

- **이 진리가 개인적으로 나에게 어떤 격려를 주나요?**
  이 질문에 관한 대답은 다양할 것입니다.

마 음

성경에서 이 같은 이야기를 읽으면, 이야기에 담긴 진리가 우리 안에 내면화됨으로써 안팎으로 변화될 수 있도록 성령님께 기도하는 것이 중요합니다. 이번 과에서 배운 내용을 바탕으로 이렇게 기도해 보세요. "주님, 주변 사람들에게 복음을 전할 담대함을 주세요. 세상일에 지나친 가치를 두지 않게 해 주세요. 자기 자신이 아닌 하나님 나라에 관심을 두게 해 주세요."

- **영원에 비추어 볼 때, 우리 인생은 바다에 떨어진 물 한 방울과 같습니다. 여러분은 후대에 어떤 유산을 남겨 주고 싶나요?**
  이 질문에 관한 대답은 다양할 것입니다.

- **나의 삶이 온전히 하나님의 선교 사역의 일부가 되도록, 관점과 우선순위와 태도를 바로잡으려면 무엇부터 바꾸어야 할까요?**
  이 질문에 관한 대답은 다양할 것입니다.

행 동

우리는 다른 사람을 제자로 삼으려면, 먼저 어느 정도는 성숙해야 하고, 많은 성경 구절을 암송할 수 있어야 하며, 까다로운 논쟁에서 반박할 수 있어야 한다고 생각하곤 합니다. 하지만 이는 사실이 아닙니다. 예수님이 우물가에서 사마리아 여인을 만나셨던 이야기나 거라사인의 지방에 이르러 귀신 들린 사람을 만나셨던 이야기를 찾아봅시다(요 4장; 막 5:1~18). 그리스도의 치유 능력을 경험한 사마리아 여인과 귀신 들렸던 사람은 가서 다른 사람들에게 예수님을 전했습니다. 그들은 복음 전도 수업을 들은 적도 없고, 신학교에 다녀 본 적도 없었습니다. 단지 자신이 경험한 일을 증언했을 뿐입니다.

- **지난 한 해를 돌아보고, 그리스도의 제자로 살면서 깨달은 한 가지를 나눠 주세요.**
  이 질문에 관한 대답은 다양할 것입니다.

- **누군가로부터 멘토가 되어 달라는 부탁을 받는다면 여러분이 해 줄 수 있는 것은 무엇인가요?**
  학생들이 대답하지 못하면, 그들을 격려하면서 교사가 먼저 그들에게서 배울 점을 말해 주는 것도 좋습니다.

다음 모임까지
마태복음 19~20장;
마가복음 10장;
누가복음 16:1~19:27을
읽어 보세요.

부록 1

주요 인물

바나바

바나바는 자신의 밭을 팔아서 그 돈을 교회에 기증했던 레위족 사람이다(행 4:36~37). 그는 바울을 예루살렘 교회에 소개했고(행 9:26~27), 바울과 함께 예루살렘 교회에 기근 부조금을 전달했다(행 11:19~30). 또한 여러 차례 선교 여행을 떠났다(행 13~14장; 15:1~21, 36~41).

빌립

빌립은 복음 전도자이자 그리스도의 추종자였다. 그는 사도행전 8장에서 성령에 이끌려 에티오피아 사람과 만났던 사건으로 유명하다. 빌립은 에티오피아 사람이 구약성경에 대해 가지고 있던 의문점에 답변하고, 어떻게 이 모든 것이 나사렛 예수를 가리키는지 알려 주었다.

바울

바울의 히브리어 이름은 사울이다. 그는 초대교회의 맹렬한 박해자였으며, 초대교회가 세워지는 것을 전략적으로 저지하는 데 앞장섰다. 그리스도인을 박해하기 위해 다메섹으로 가던 길에 부활하신 그리스도를 만났고, 그 결과 영원히 변화되었다(행 9장). 바울은 교회의 맹렬한 박해자에서 열정적인 수호자가 되었으며, 1세기 교회 최초로 이방인 선교를 여러 차례 주도했다.

실라

실루아노로도 불렸다. 그는 바울과 선교 여행에 참여했고(행 15:40~41), 베드로의 서기로서 베드로를 도와 베드로전서를 기록했다(벧전 5:12). 빌립보에서는 바울과 함께 그들의 신앙 때문에 투옥되었다(행 16:19~24). 하나님은 감옥에 있던 그들을 기적적으로 풀어 주셨고 간수에게 복음을 전할 기회를 마련해 주셨다. 그 결과 간수와 그의 가족이 신자가 되었다(행 16:25~34).

브리스길라와 아굴라

브리스길라와 아굴라는 글라우디오 황제가 유대인들에게 로마를 떠나도록 명령하자 이탈리아에서 고린도로 여행했던 부부이다. 바울하고 동행해서 에베소에 갔고(행 18:19), 거기서 아볼로를 기독교 신앙으로 교육했다(행 18:26). 그들의 집이 교회가 되었으며, 그들은 바울과 함께 고린도 교회에 서신서를 썼다(고전 16:19).

고넬료

고넬료는 가이사랴에 임명된 로마 백부장이다(행 10장). 베드로는 '깨끗하지 않은' 사람에 대한 자신의 인식에 도전하는 환상을 본 후, 고넬료와 그의 가족에게 복음을 전하도록 인도되었다. 이것은 교회 초기의 핵심적인 순간으로서, 하나님이 사람을 외모로 취하지 않으시고 모든 민족과 언어와 나라에 구원을 베푸신다는 점을 강조한다.

스데반

스데반은 초대교회 최초의 순교자로 인정된다. 그는 복음을 전한다는 이유와, 착한 행실 때문에 돌에 맞아 죽었다.

부록 2

사도행전 연대표

AD 30~37

예수님의 승천
(행 1:1~11)

베드로의
오순절 설교
(행 2장)

스데반의 순교
(행 7:54~60)

사울의 회심
(행 9:1~18)

바울의 2주간
예루살렘 방문
(행 9:26~29)

바울의 시리아와
길리기아에서의 사역
(행 9:30)

AD 37~41

베드로의 환상과
고넬료와의 만남
(행 10:1~48)

바울과 바나바의
시리아 안디옥에서의
사역
(행 11:25~26)

AD 41~49

아그립바가 야고보와
베드로를 감금하다.
베드로가 기적적으로
풀려나다
(행 12:1~19)

교회가 기근 부조금을
전달하도록
바나바와 바울을
예루살렘으로 보내다
(행 11:27~30; 12:25)

바울의
제1차 선교 여행
(행 13:2~14:28)

예루살렘 공회
(행 15:1~29)

AD 49~62

바울의
제2차 선교 여행
(행 15:36~18:22)

바울이 고린도에서
갈리오 앞에 서다
(행 18:12~17)

바울이 예루살렘과
수리아 안디옥으로
돌아가다
(행 18:22)

바울의
제3차 선교 여행
(행 18:23~21:26)

바울이 예루살렘에서
체포되다
(행 21:27~22:30)

산헤드린 앞에 선 바울
(행 23:1~10)

바울이 가이사랴에
투옥된 후 벨릭스,
베스도, 아그립바
앞에 서다
(행 23:23~26:32)

바울의 로마로의 항해
및 멜리데에서의 난파
(행 27:1~28:16)

바울의
로마에서의 투옥
(행 28:16~31)

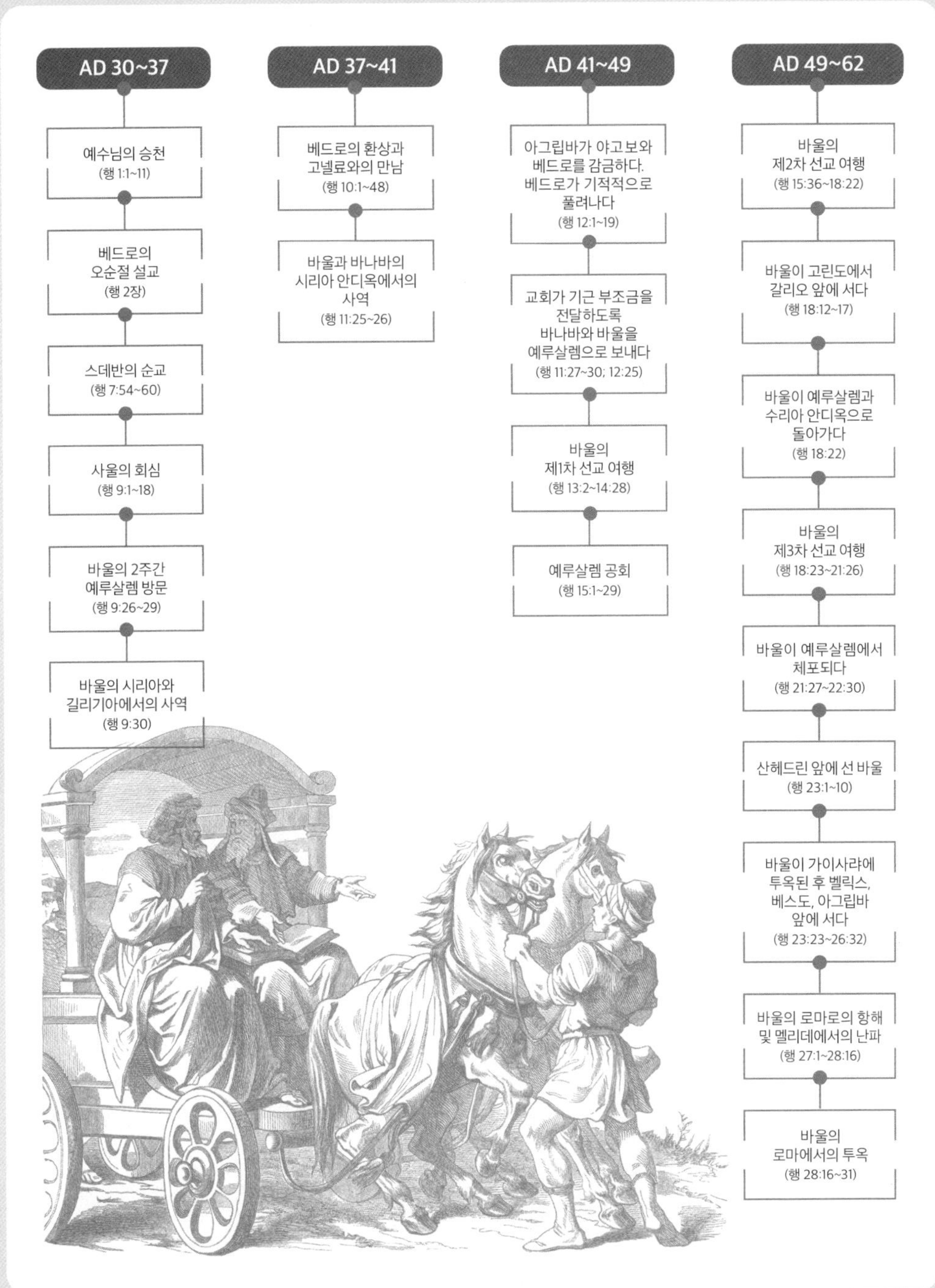

바울의 생애

바리새인으로서의 바울

- 다소 출신으로 예루살렘에서 가말리엘에게서 훈련을 받았고, 하나님에 대한 열심이 있었음(행 22:3)

- 스데반이 돌에 맞아 죽는 형벌에 동의했고, 교회를 박해했음(행 7:58; 8:1, 3)

- 신자들을 체포해서 예루살렘에 데려오기 위해 다메섹으로 여행함(행 9:1~2; 22:4~5)

그리스도인으로서의 바울

- 다메섹 도상에서 예수님을 만나 눈이 멀게 됨. 사흘 후 아나니아의 안수를 받고 다시 볼 수 있게 됨. 성령 충만을 받고 세례를 받음(행 9:3~18)
  - 예수님의 이름을 이방인과 임금들과 이스라엘 자손들에게 전하고, **예수님의 이름을 위해서 큰 고난을 받도록** 예수님의 택함을 받은 자(행 9:15~16)

- 다메섹에서 예수님을 선포하고, 나중에는 예루살렘에서도 선포함(행 9:20~30)
  - **유대인들이 그를 죽이려고 음모하나** 예루살렘으로 피신한 후 다소로 도망감

- 그를 찾으러 다소로 온 바나바를 만난 후 제자들을 가르치는 일을 돕기 위해 그와 함께 안디옥으로 감(행 11:25~26)

선교사로서의 바울

- 성령님이 바울과 바나바를 선교 소명을 위해 구별하심(행 13:1~3)

바울의 선교 여정과 바울 서신

제1차 선교 여행(행 13:4~14:28)

구브로 곳곳에 있는 회당들에서 하나님의 말씀을 선포함. 비시디아 안디옥에서 유대인들은 말씀을 거부한 반면, 이방인들은 말씀을 받아들임. 이후 **그 지역에서 축출됨.** 이고니온 사람 일부가 그를 **돌로 쳐서 죽이려고 시도함.** 루스드라에서 헬라의 신 헤르메스로 오해받음. 이후 유대인들이 군중을 선동해서 **바울을 돌로 치지만,** 기적적으로 회복함. 더베에서 설교한 후 고난에 대해 경고하고, 교회의 지도층을 세우기 위해 이전에 방문했던 도시 일부를 재방문함. 그 후 안디옥으로 복귀해서 선교 여행과 이방인들의 믿음을 보고함.

- 바나바와 함께 믿음을 통한 이방의 구원에 대해 논의하고 확정했던 예루살렘 공회로 파송됨
  (행15:1~35)

제2차 선교 여행(행 15:36~18:22)

마가라 하는 요한에 대한 불일치로 인해 바나바와 갈라졌기 때문에 바울은 실라를 데리고 더베, 루스드라, 이고니온을 통과하면서 교회를 격려했고, 디모데를 데려감. 성령님에 의해서 아시아와 비두니아에서의 사역이 막힘. 드로아에 머물던 중 환상을 받고, 복음을 전하기 위해서 마케도니아로 향함. 빌립보에서의 사역은 **매질과 투옥**으로 이어짐. 데살로니가에서 **폭력적인 군중과 폭동**이 그들을 피난하게 만들었고, 베뢰아에서도 유사한 일이 발생함. 아덴에서 복음을 전함. 고린도에서 브리스길라와 아굴라를 만나 예수님에 대해 말하면서 1년 반을 지냄. 에베소에서 잠시 복음을 전함. 그 후 예루살렘을 방문하고 안디옥으로 복귀함.

제3차 선교 여행(행 18:23~21:19)

갈라디아와 브루기아를 여행하면서 제자들을 굳건하게 함. 아시아 곳곳에서 복음을 전하면서 에베소에서 3년간 사역함. **폭동** 후 바울은 마케도니아로 여행하고, 그 후 헬라로 넘어감. **유대인들의 음모**로 인해 마케도니아와 드로아로 내몰림. 결국 밀레도에 도착한 바울이 에베소 장로들과 만난 후 예루살렘으로 여행함.

- **그를 죽이려는 무리에게 붙잡혀 예루살렘 성전에서 끌려 나가던 중** 로마 군인에게 구출됨. **그에 대한 공모**로 인해 가이사랴로 이송되고, 거기서 벨릭스에게 자기변호를 함. **2년 동안 구류**된 후 가이사에게 호소하기 전에 베스도에게 자기변호를 함. 아그립바왕 앞에서도 자기변호를 함(행 21:26~26:32)

- 가이사 앞에서 심판받기 위해 로마로 항해함. **파선**해 멜리데섬에서 3개월간 머물게 됨. 이후 로마에 가서 **2년 동안 가택 연금**당한 가운데 그를 방문한 모든 사람에게 담대하고 거리낌 없이 하나님 나라를 선포하고, 예수님에 대해 가르침(행 27:1~28:31)

- 전설에 따르면 가이사에 의해 가택 연금에서 풀려나 선교 사역을 계속하다가 두 번째로 **체포**되어 로마에 **구속**되고, 그곳에서 **참수형**을 당함. 바울은 선한 싸움을 싸웠고, 달려갈 길을 마쳤으며, 그의 믿음을 지켰음(딤후 4:7)

바울 서신: 갈라디아서 · 데살로니가전서 · 데살로니가후서 · 로마서 · 고린도전서 · 고린도후서 · 빌레몬서 · 골로새서 · 빌립보서 · 에베소서 · 디모데전서 · 디모데후서 · 디도서

부록 4

초대교회의 선교

사도행전은 두 개의 중요하고 서로 관련된 약속들로 시작합니다.

첫째, 예수님은 성령님이 오셔서 제자들에게 능력을 주실 것이라고 말씀하셨습니다.

둘째, 이 능력은 제자들이 예루살렘과 온 유대와 사마리아와 땅끝까지 이르러 예수님의 증인이 될 수 있도록 할 것입니다(행 1:4~8).

사도행전의 나머지 부분은 이 약속들이 성취되었다고 말해 줍니다.

예루살렘		
제자들은 예수님의 지시에 순종해 예루살렘으로 돌아가서 아버지의 선물을 기다리며 열흘 동안 함께 기도함. 성령님이 제자들을 충만하게 하시고, 그들은 다양한 언어로 말하게 됨. 베드로가 만국에서 예루살렘에 모여든 유대인들에게 복음을 선포하자 3천 명이 믿고 세례를 받음(행 2:1~41).	베드로가 걷지 못하는 사람을 치유한 후 모여든 군중에게 복음을 선포해 5천 명의 남자를 포함한 수많은 사람이 믿게 됨. 베드로와 요한이 체포되고 위협받음. 그러나 성령 충만을 받은 베드로는 담대하게 복음을 전하고, 사람보다 하나님께 순종해야 한다며 산헤드린의 위협에 맞섬(행 3:1~4:22; 참조, 행 5:12~42).	성령 충만하고 교회의 일상 사역을 돌보도록 선택받은 일곱 명 중 한 명이었던 스데반이 표적을 행하고, 믿음을 비방하는 자들을 견뎌 내며, 산헤드린에게 진리와 확신으로 반응함으로써 돌에 맞아 죽음. 예수님에 대한 증거로 인해 죽임당한 첫 번째 그리스도인 증인이 됨(행 6:1~7:60).

스데반의 죽음 이후 예루살렘 교회에 극심한 박해가 일어났습니다. 사도들을 제외한 모두가 유대와 사마리아 곳곳으로 흩어졌습니다. 이렇게 흩어진 사람들은 말씀을 전하는 일을 이어 나갔습니다(행 8:1, 4).

유대와 사마리아		
일곱 명 중 한 명이었던 빌립이 사마리아의 한 도시로 가서 메시아를 선포하고 표적을 행함. 이에 사람들이 믿고 세례를 받음. 베드로와 요한이 사마리아 신자들을 위해 기도하고 안수하자 그들이 성령님을 받음. 이후 빌립은 예수님에 대한 좋은 소식을 한 에티오피아인에게 전하기 위해 천사의 보냄을 받음. 그는 가사 방향의 광야 길로 나가서 에티오피아인에게 세례를 베풂(행 8:5~40).	사울이 신자들을 체포하기 위해 다메섹으로 감. 다메섹 도상에서 예수님이 그에게 나타나심. 사울은 예수님의 이름을 이방인들과 임금들과 이스라엘 자손들에게 전할 도구가 되고, 이 사명을 즉시 순종하기 시작함. 이에 유대, 갈릴리, 사마리아 도처의 교회가 평화를 얻고 굳건해짐. 그들이 주님을 경외하고 성령님의 격려를 받음으로써 믿는 자가 급증함(행 9:1~31).	베드로가 예수님의 복음을 증언함. 주님이 하나님을 경외하는 이방인 고넬료와 베드로를 함께 불러 모으심. 고넬료를 비롯해서 베드로의 메시지를 들은 모든 이방인이 성령님을 통해 방언을 하며 하나님의 위대하심을 선포함. 그 후 그들이 세례를 받음(행 10:1~48).

부록 5

기독교 신앙의 순교자들

스데반

초대교회 최초의 순교자로 유명한 그는 그리스도를 설교한다는 이유로 죽임을 당했다. 예수님처럼, 스데반은 돌에 맞는 동안 하나님께 자신을 박해하는 자들의 죄를 그들에게 돌리지 않도록 간구했다(행 6~7장).

베드로

시몬으로 불렸으며, 안드레의 형제로, 어부이다. 그가 예수님을 메시아로 고백했을 때 예수님이 그의 이름을 베드로로 개명해 주셨다(마 16:16~19). 베드로는 유대인의 사도로 알려졌다. 그는 1세기 네로 황제가 통치할 때 로마에서 순교했다. 전통에 따르면, 그는 십자가에 거꾸로 매달려 죽임당했다.

폴리캅

폴리캅은 사도 요한의 제자로서 2세기에 교회를 세우는 데에 많은 영향을 끼쳤다. 그리스도를 부인하고 가이사에게 맹세하라는 요구를 거부한 후 화형 선고를 받았다. 전통에 따르면, 불이 그를 소멸하지 못했기 때문에 칼로 죽임당했다. "아버지여, 제가 순교자에 드는 것을 합당하게 여겨 주시니 경배 드립니다"라고 최후의 고백을 했다.

존 위클리프

존 위클리프는 14세기에 살았으며, 성경을 영어로 번역한 것으로 잘 알려져 있다. 그 시대에 성경 번역은 특히 권력가 사이에서 인기가 없었다. 교황권 사람들은 성경의 권위에 대한 위클리프의 견해와 기타 영적인 사안 때문에 그를 경멸했다. 위클리프는 실제로 순교하지는 않았으나, 그의 뼈가 사후 40년 만에 땅에서 파내져서 그와 그의 추종자들에 대한 공식 성명서, 그리고 그의 글과 함께 불태워졌다.

얀 후스

체코 출신의 사제였던 그는 15세기에 가톨릭교회에 저항하다가 화형에 처해졌다

윌리엄 틴들

윌리엄 틴들은 16세기 인물로, 성경을 원어에서 영어로 번역했다. 개혁자이기도 했던 틴들은 당시 가톨릭교회의 수많은 가르침에 대해 비판했으며, 헨리 8세의 이혼을 공식적으로 반대했다. 틴들은 교살당한 후 화형에 처해졌다.

짐 엘리어트

짐 엘리어트는 네 명의 동료 선교사 네이트 세인트, 에드 맥컬리, 피트 플래밍, 로저 유더리안과 함께 에콰도르의 아우카 인디언 부족과 우호적인 접촉을 하려고 노력했다. 이들은 비행기에서 지상으로 물품 거래를 성사시킨 후, 그들을 대면하기 위해서 정글 속으로 비행기를 타고 들어갔다. 그러나 엘리어트와 친구들이 도착하자 인디언들은 그들을 살해했다. 선교사들의 죽음 이후에도 그들의 아내들이 계속해서 아우카 부족과 평화로운 접촉을 시도했고, 결국은 아우카 부족의 마음을 사로잡았다.

나그 하마디 대학살

2010년 1월 7일 이집트의 나그 하마디에서 성탄절 이브를 축하하고 교회를 떠나던 이집트 그리스도인 무리가 살해당했다.

부록 6

기독교 박해 국가 목록

오픈도어 현장 연구원과 각 전문가의 자료를 토대로 기독교 박해를 분석했다. 그리스도인의 신앙생활과 관련한 다섯 가지 영역(개인, 가족, 공동체, 국가, 교회)에서의 자유도를 측정한 다음, 폭력의 정도를 여섯 번째 영역으로 추가해 순위를 정했다. 이 자료를 토대로 상위 50개국의 목록을 지도에 기재했다. 국제 종교 자유 기관의 감사를 받았다.

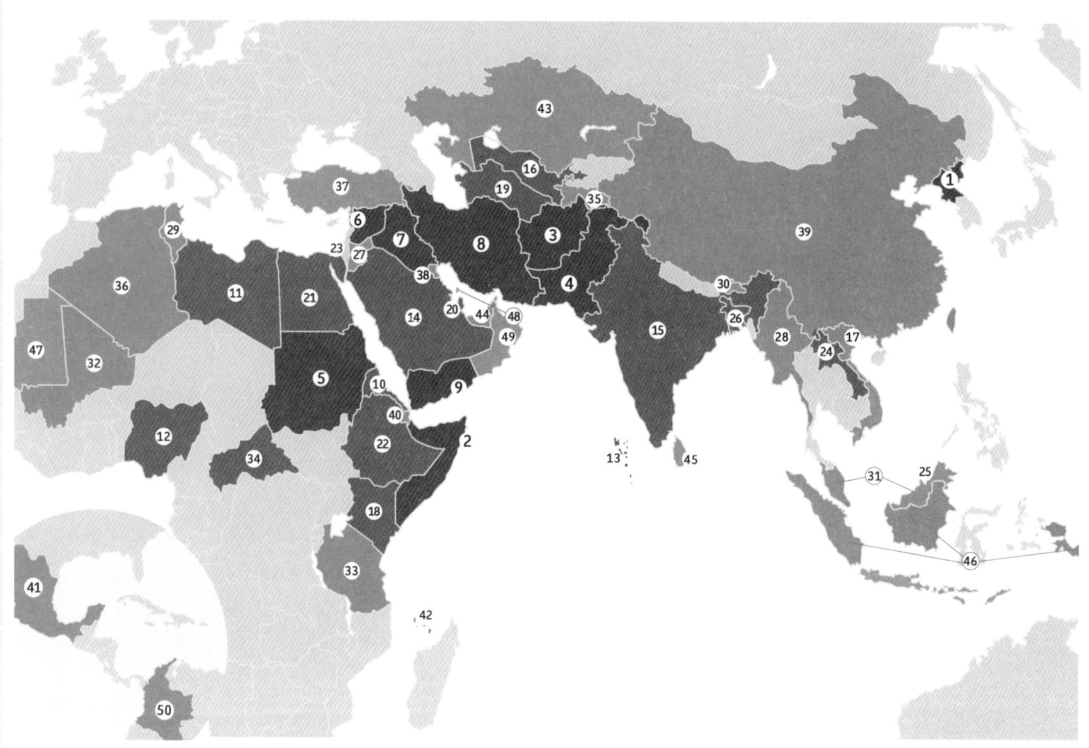

순위/국가(점수)

극심 100~81	매우 높음 80~61		높음 60~53	
1/북한(92)	11/리비아(78)	21/이집트(65)	31/말레이시아(60)	41/멕시코(57)
2/소말리아(91)	12/나이지리아(78)	22/에티오피아(64)	32/말리(59)	42/모로코(56)
3/아프가니스탄(89)	13/몰디브(76)	23/팔레스타인 지역(64)	33/탄자니아(59)	43/카자흐스탄(56)
4/파키스탄(88)	14/사우디아라비아(76)	24/라오스(64)	34/중앙아프리카 공화국(58)	44/아랍 에미리트(55)
5/수단(87)	15/인도(73)	25/브루나이(64)	35/타지키스탄(58)	45/스리랑카(55)
6/시리아(86)	16/우즈베키스탄(71)	26/방글라데시(63)	36/알제리(58)	46/인도네시아(55)
7/이라크(86)	17/베트남(71)	27/요르단(63)	37/터키(57)	47/모리타니(55)
8/이란(85)	18/케냐(68)	28/미얀마(62)	38/쿠웨이트(57)	48/바레인(54)
9/예멘(85)	19/투르크메니스탄(67)	29/튀니지(61)	39/중국(57)	49/오만(53)
10/에리트레아(82)	20/카타르(66)	30/부탄(61)	40/지부티(57)	50/콜롬비아(53)